KB147394

차례

프롤로그
운의 알고리즘을 알면 운명이 달라진다

2016년 뜨거웠던 어느 여름날, 타로상담 예약이 있어 나는 여느 때처럼 상담소로 출근을 했다. 이윽고 예약 시간이 되자 한 여성분이 웃으면서 상담소 안으로 들어오셨다. 상담은 30분 정도 이어졌다. 상담이 끝나고 난 뒤, 그날은 이상하리만치 손님이 무슨 일을 하는 분인지 무척 궁금했다. '손님의 개인 정보를 내 쪽에서 절대 먼저 묻지 않는다'는 나의 원칙을 깨고 물었다.

"실례지만 혹시 어떤 일 하세요? 불편하시면 답변 안 해주셔도 돼요."

"저요? 방송작가예요."

순간, 눈이 번쩍했다.

'방송작가라면 마리텔 작가 중에 아는 분이 있으시지 않을까?'

MBC 〈마이 리틀 텔레비전〉(이하 '마리텔')은 당시 내가 꼭 나가고 싶었던 방송 프로그램이었다. '타로마스터'라는 나의 직업은 많은 사람들이 힘들거나 중요한 결정을 해야 할 때 조언을 해주는 일임에도 불구하고 '점쟁이'라는 편견을 가지고 바라보는 사람들이 많다. 부모님조차 내가 이 길을 걷는 것을 반대하셨다. 그런 까닭에 나는 이 직업이 사람들로부터 당당하게 인정받을 수 있도록 협회를 창설하는 등 많은 노력을 기울여왔다. 방송에 출연하고 싶다는 바람도 그와 같은 연장선이었다. 유명 셰프들이 TV에 나와 멋진 요리 실력과 재담을 보여준 덕분에 요리사가 선망의 직업이 된 것처럼, 나도 방송에 출연해 나를 좀 더 알려서 타로마스터라는 직업의 위상을 높이고 싶었다. 당시 기준으로 마리텔은 나의 그런 소망을 실현시키기에 가장 적합한 프로그램이었다. 나는 이후 사람들을 만날 때마다 마리텔에 출연하고 싶다고 입버릇처럼 이야기해왔다.

"제가 마리텔에 출연하고 싶은데, 혹시 방법이 있을까요?"

나의 갑작스러운 질문에 손님이 답변해주던 장면은 아직도 그 기억이 생생할 정도로 내 인생에서 가장 극적인 순간 중 하나였다.

"어머나, 제가 마리텔 방송작가예요. 오늘 회사에 들어가서 회의 때 제안해볼게요."

그리고 바로 다음 주 금요일, 작가님으로부터 전화가 왔다.

"정회도 선생님, 이번 주 일요일에 시간 되세요? 괜찮으시면 상암동 MBC로 오셔서 녹화하시죠."

본문에서 구체적으로 설명하겠지만, 그렇게 '운의 알고리즘' 중 하나인 '귀인'이 나에게 와주었고, 나는 바라던 대로 마리텔에 출연하게 되었다. 놀라운 일은 여기서 끝이 아니었다. 마리텔 녹화를 마치고 딱 2주가 지난 뒤, 내가 8년 동안 간절히 소망하던 꿈을 이루게 되는 전화를 받는다.

"안녕하세요. 여기는 MBC 〈무한도전〉 제작팀인데요. 정회도 선생님이시죠? 섭외 건으로 전화 드렸어요."

나는 대학생이던 2008년, SBS 공채 개그맨 10기에 도전했고 생각지도 못하게 한 번에 최종 심사까지 통과했었다. 공채 개그맨이 된 나는 당대 최고의 인기를 자랑하던 'MBC 〈무한도전〉(이하 '무한도전') 출연'을 개그맨으로서의 최종 꿈으로 품고 치열하게 하루하루를 살았다. 하지만 언제부터인가 무대가 부담스러웠고 개그를 위해서 망가지는 연기를 하며 자괴감이 들었다. 오히려 무대 뒤에서 개그를 짜고 대본을 쓸 때가 행복했다. 나는 연기가 맞지 않는 사람이었던 것이다. 1년 반 동안 연습생으로 대학로 〈웃찾사〉 무대에 섰지만, 결국 본방송의 문턱을 넘지 못하고 포기하기에 이르렀다. 그런데 그로부터 8년이 지나 개그맨이 아닌 타로마스터로서 무한도전에 출연해 최고의 MC 유재석 님을 비롯한 쟁쟁한 선배들을 앞에 두고 타로카드로 상담하게 된 것이다.

이 모든 놀라운 일은 어떻게 이루어진 것일까? 그저 운이 좋아서였을까? 아니면 우연히 기회가 닿았던 것일까? 타로마스터로서 내가 지난 15년간 연구한 결과, 우리에게 일어나는 크고 작은 모든 일들은 맥락 없이 그냥 일어나는 법이 결코 없었다. 나는 개그맨 연습생 시절에도 틈틈이 타로상담을 했는데 당시 예능작가들에게 무료로 타로상담을 해주었고 그들의 고충을 성심껏 들어주었다. 개그맨을 그만둔 후에도 예능작가들은 타로상담을 받기 위해 나를 종종 찾아왔었고, 그 인연으로 마리텔 방송작가가 '귀인'으로 내 앞에 앉게 된 것이다. 또 나는 매주 토요일 무한도전을 시청하면서 '내가 무한도전 출연자들의 궁합을 타로카드로 보면 진짜 잘할 수 있을 텐데' 하고 생각했었다. 언젠가는 방송에 출연할 수 있기를 간절히 기도하면서 머릿속으로 그 상황을 시뮬레이션 했다.

촬영을 하러 가서 들은 사실인데, 당시 무한도전의 다음 프로젝트는 두 명씩 짝을 지어서 게임을 하는 것이었다고 한다. 그 상황에서 무한도전 김태호 PD님이 내가 출연한 마리텔 방송을 보았고, 무한도전 멤버들 간의 궁합을 타로카드로 보면 재밌겠다는 아이디어가 떠올라서 나에게 섭외 연락이 오게 된 것이었다. 나는 이미 수백 번 이상 무한도전 출연자들의 궁합을 타로카드로 보는 장면을 시뮬레이션 했기 때문에 큰 어려움 없이 녹화를 마칠 수 있었다. 이후 집에서 TV로 본방송을 보는데 나도 모르게 만감이 교차하는 눈물이 흘렀다. '기도'라는 또 다른 '운의 알고리즘'을 통해 내가 원하는 바가 이루어진 순간이었다. 나의 기도와 생각의 파동이 그동안 우주 공간에 차곡차곡 쌓이다가 임계점을 넘은 것이다.

매 순간 의식하지는 못하지만 우리는 하루에도 수백 가지의 생각과 말을 하고 수많은 행동을 하며 타인과 교류하며 살아간다. 이 모든 움직임은 에너지가 있기에 가능한 것인데, 이때 에너지의 떨림 현상을 '진동'이라 부른다. 사람이 발생시키는 진동personal vibration, 즉 에너지의 파동을 동양에서는 '기氣'라고 부르며 서양에서는 '주파수frequency'라고 부른다. 이러한 에너지의 파동이 모여서 나를 둘러싼 파장이 형성된다. 나는 이 파장을 '운의 알고리즘'이라 명명했고, 이것이 사람의 운명을 끌고 간다는 것을 알아냈다.

이러한 운의 작동원리를 이해하기 위해 지난 수천 년간 수많은 이들이 운을 연구해왔다. 나는 지난 15년 동안 타로카드라는 도구를 활용해 약 15,000여 명을 상담하며 무의식의 빅데이터를 축적해왔다. 타로카드는 수천 년의 실증 연구를 통해 만들어진, 길흉화복을 예측하는 도구로 동양의 《주역周易》과 비슷한 메커니즘이다. 한편으로 나는 실용 학문인 경영학 박사로서 대학에서 강의를 하고 국내외 기업들의 임원과 대표들을 대상으로 컨설팅을 해왔다. 이렇게 점占과 경영학이라는 상반된 분야를 공부하면서 '운'이라는 추상적인 개념을 실생활에 즉시 적용하여 성과를 낼 수 있는 운의 알고리즘을 정리했다.

한때 운명의 소용돌이 속에서 고통스러워하던 나는 운의 알고리즘을 알고 나서 꿈꾸던 것들을 하나씩 현실로 만들었다. 한국소울타로협회를 이끌며 1천 명 이상의 타로마스터를 양성했고,

유튜브를 통해 20만 구독자들이 당면한 고민에 해답을 찾도록 돕고 있다. 내 상담을 받기 위해 유명 연예인이나 기업인들이 1년 이상 대기 중이며, 타로콘텐츠 서비스와 제품으로 글로벌 시장 진출을 준비하고 있다. 무엇보다 운의 알고리즘을 알고 난 뒤, 나의 육체·마음·영혼이 평온해졌다. 또한 사랑하는 아내와 소중한 아들딸이 곁에 있다는 것에 매일 감사함을 느낀다. 나는 안될 운명에서 벗어나 잘될 운명에 서게 되었다.

이 책은 나의 경험, 연구, 사색을 집대성한 결정체로 운과 운명에 관한 원리와 더불어 운의 알고리즘이 작동하는 법칙을 이야기할 것이다. 그리고 당신이 잘될 운명으로 갈 수 있는 실천적인 방법을 제시할 것이다. 다만 개인 정보 보호를 위해 실제 상담 사례들 중 일부를 각색했음을 미리 밝힌다.

이 책을 넘기는 순간, 당신의 잘될 운명이 시작된다.
당신의 파동이 '운의 알고리즘'에 접속했기 때문이다.

현존 정회도

제1장

무엇이
운을 만드는가

열심히 사는 것만으로
충분하지 않은 이유

사람들이 정말 많이 하는 착각이 있다. 바로 '열심히'만 살면 원하는 인생을 살 수 있을 것이라는 믿음이다. 물론 어느 정도는 맞는 말이다. 하지만 인생은 산수가 아니어서 100을 투입한다고 100의 결과가 나오지 않는다. 1을 투입했는데 100의 결과가 나오기도 하고, 100을 투입해도 −500의 결과가 나오기도 한다.

코로나19 바이러스가 전 세계적으로 확산된 이후 여행업계, 공연업계 등 많은 대면 산업이 타격을 입었고 해당 산업의 종사자들이 상당수 일자리를 잃고 힘든 시기를 보내고 있다. 과연 그들이 열심히 살지 않아서 그렇게 되었을까? 반면 온라인 게임 제작 업체나 배달 중개 플랫폼과 같은 비대면 산업은 코로나19 덕분에 호황을 누리는 중이다. 그들은 여행업계 종사자들보다 열심히 살

왔기 때문에 승승장구하는 것일까?

누가 보아도 '그렇지 않다'고 대답할 것이다. 다들 각자의 방식으로 자신의 삶을 열심히 살아왔을 뿐인데, 코로나19라는 예상치 못한 변수로 인해 저마다의 삶에 각기 다른 영향을 받은 것이다. **이처럼 인생에는 수많은 변수들이 존재하고 이 중 상당수는 내 통제권을 벗어나 있다. 나는 이 모든 것을 총체적으로 '운'이라고 부른다.**

우리가 대한민국에서 태어난 것은 운이다. 특정년도에 태어난 것도 운이다. 우리 부모님에게 태어난 것도 운이다. 남자 또는 여자로 태어난 것도 운이다. 특정한 외모, 신체적 조건, 재능, 기질 또한 태어나면서부터 타고난 운이다. '나'라는 사람을 정의하는 다양한 요소 중 내가 선택한 바를 제외한 많은 부분이 태어날 때부터 주어진 것, 한마디로 운이다.

우리가 살면서 마주하게 되는 수많은 상황들은 우리의 통제권을 벗어나 일어난다. 예를 들어 10명에게 상금을 주는 공모전에 100명이 지원했다고 하자. 수많은 지원자들이 제출한 제안서를 1등부터 100등까지 순위를 매기는 것이 현실적으로 불가능한 일이지만, 설령 가능하다고 치자. 그렇다면 1등부터 10등까지 정확히 객관적인 실력에 따라 선발될까? 그렇지 않다. 심사위원들이 처음에는 '변별력을 위해 엄격하게 점수를 매겨야지' 하고 박하게 점수를 주다가 오후쯤 되면 지치고 피곤해져서 나른한 기운에 점수를 후하게 줄 수도 있다. 그뿐일까? 실수로 엑셀 파일의 엉뚱한 칸에 점수를 입력할지도 모른다. 만일 심사위원들이 제안서를 나눠서 점수를 매길 경우, 보다 너그러운 기준을 가진 심사위원의 손을 거친 제안서들이 선택될 확률이 높다. 공모전에 당선되기 위해 몇 주 동안 밤새 준비한 지원자들 입장에서는 억울하겠지만, 이처럼 세상의 많은 일들은 공평하게 이루어지지 않는다. 그런데 운을 알지 못하면 살면서 일어나는 수많은 부조리한 일들을 받아들이기가 쉽지 않다.

진인사대천명盡人事待天命.

인간으로서 해야 할 일을 다하고 나서 하늘의 명을 기다린다는 뜻이다. 내가 만난 성공한 사람들은 최선의 노력을 하되 결과에 대해서는 담담한 태도를 보였다. 반면 아직 인생 경험이 많지 않은 사회 초년생들은 작은 일에도 일희일비하며 어쩔 줄 몰라 하는 경향이 있었다. 몇 번의 노력만 하고서 원하는 결과로 귀결되지 않았다며 세상이 불공평하다고 원망하고 꿈을 포기하고 사는 경우도 보았다. 하지만 이는 반은 알고 반은 모르는 것이다. **최선을 다하는 것은 좋은 결과를 위한 필요조건이지 충분조건이 아니다.** "지금껏 열심히 산 죄밖에 없는데, 어쩌다 제 인생이 이렇게 되었을까요?"라고 묻는다면 그 사람은 운을 이해하지 못한 것이다.

지난 15년간 이 일을 하면서 내가 도출해낸 결론 중 하나는 **노력×운=운명**이라는 공식이다. 여기서 운이라는 개념은 행운과 불운으로 나뉜다. 그래서 불운($\times -a$)이 들어올 때는 오히려 노력하는 것이 헛수고일 수 있다. 가만히 있으면 제자리에라도 있는데 계속 발버둥을 쳐서 늪으로 더 들어가는 격이다. 반대로 행운이 아주 크게 들어오는 때일지라도 노력값이 0이라면 운명값도 0으로 수렴된다. 쉬운 예로 이번 주 토요일 당신에게 로또 1등에 당첨될 운이 있는데 만사가 귀찮아서 로또를 사러 나가지 않으면 1등 당첨의 행운도 없다.

현재 성공한 사람들도 과거에 한 번 이상의 실패 경험이 있다. 이런 사람들을 오랫동안 만나고 관찰해본 결과, 이들은 노력의 기본값이 크고 노력의 효율이 높았다. 또한 자기성찰을 잘한다는 공통점이 있었다. 인생에서 크고 작은 실패를 거듭하고 있다면 그 실패들을 한번 곱씹어보자. 어쩌면 그 실패의 원인은 노력 부족이 아니라 여러 환경적인 요소라는 결론이 도출될 수도 있다. 그 환경적인 요소들이 내 통제를 벗어난 것들이라면 운이라고 볼 수 있다. 그래서 새로운 일을 도모할 때는 리스크 관리 측면에서 미리 운을 체크하는 것이 좋다.

누구라고 이름을 밝힐 수는 없지만 나는 가수, 배우, 예능인 등 스타들을 많이 상담했다. 개중에는 국내뿐만 아니라 세계적으로도 인기가 많은 톱스타들도 있었다. 유명 기업인과 정치인, 고위 공무원들뿐만 아니라 중국과 동남아시아의 재벌들, 미국 실리콘 밸리의 창업가들도 상담했다. 미국에서 내게 상담을 받은 적 있는 하버드 출신의 재미교포 변호사는 일부러 시간을 내어 한국을 찾아와 내게 타로를 배우기도 했다.

최고의 교육을 받은 똑똑한 인재들이 왜 점을 보는지 의아할 수도 있다. 그렇다면 다음의 이야기를 듣고 더욱 놀랄지도 모르겠다. 나는 연말연시가 되면 세계적인 전략 컨설팅 회사의 신년운을 자문한다. SKY는 기본이고 하버드, 스탠퍼드, 와튼 스쿨 출신의 천재들이 가득한 곳인데 말이다. 그 회사의 경영진은 재능과 노력만으로는 원하는 결과를 늘 얻을 수 없다는 사실을 잘 알고 있다. 기업의 규모가 커질수록, 직책이 위로 올라갈수록 더욱더 그렇다. 내로라하는 재벌가들이 운명학 전문가를 한 명 이상 전속으로 두는 이유다. 이는 비단 우리나라만의 일이 아니다.

보통의 평범한 직장인들은 예상치 못한 큰일을 겪지 않는 한, 어느 정도 예측 가능한 삶을 살기 때문에 운에 대해 생각할 필요가 상대적으로 적다. 그에 반해 큰돈이 오가는 중요한 결단을 하루에도 수없이 내려야 하는 기업인들의 압박감은 상당하다. 신사업에 투자할 것인가? 계속 적자를 내는 사업을 접을 것인가? 비용절감을 위해 정리해고를 단행해야 하는가? 공격적으로 해외투자를 추진할 것인가? 만일 기업인들이 이와 같은 중대한 질문에 잘못된 결정을 내릴 경우, 회사에 고용된 직원들과 그들 가족의 생계가 휘청대는 것은 물론이고 주주를 포함한 투자자들의 자산가치가 폭락하고 만다. 상황이 더 심각해진다면, 무리한 빚으로 회사가 파산할 수도 있고, 사태에 책임을 지고자 경영진이 교도소에 수감될 수도 있다. 그런 까닭에 수많은 기업인들이 전문가들로부터 다양한 미래 시나리오에 대한 자문을 받고도, 최종적으로 운을 점치러 오는 것이다.

사람이 하는 모든 일이 노력만으로 되는 것도 아니요, 그렇다고 모

든 것이 운명론적으로 정해진 것도 아니다. 하지만 운을 이해하는 것만으로도 인생의 수많은 의문이 풀리고 마음의 평화가 깃든다. 그리고 자신의 현 상황을 있는 그대로 받아들이게 된다. 여기서 더 나아가 운의 흐름을 타고 운을 자기편으로 만들면, 순간의 운들이 쌓여서 운명이 된다. 그리하여 우리는 잘될 운명으로 갈 수 있다.

쌍둥이는
같은 운명을 살게 될까?

'똑같은 생년월일시에 태어난 사람은 같은 운명을 살까?'

2016년에 방영된 〈MBC 스페셜〉 '팔자를 찾아서' 편에는 유명 가수 허각의 쌍둥이 형 허공의 이야기가 나온다. 두 사람 다 가정 형편이 어려워 작은 행사에서 노래를 부르거나 환풍기를 수리하는 등의 일을 하며 살았다. 가수의 꿈을 갖고 있던 두 사람은 똑같이 2010년 〈슈퍼스타K〉 시즌 2 오디션을 보았다. 그런데 허각은 본선에 진출한 뒤 시즌 우승을 거머쥐고 스타가 되었고, 허공은 오디션에 떨어졌다. 허각의 스케줄이 바쁘면 허공이 행사를 대신 갈 때도 있을 정도로 이 두 쌍둥이 형제는 흡사한 목소리와 노래 실력을 갖췄는데, 왜 이런 일이 벌어졌을까? 같은 생년월일시에 태어났다면 둘 다 똑같이 스타가 되었어야 하는 것이 아닐까?

운명을 가른 것은 작은 선택이었다. 오디션 전날 술을 마신 허공은 술이 덜 깬 상태에서 오디션장에 신분증을 가지고 가지 않아 다시 집에 갔다 왔다. 허공이 뒤늦게 오디션장에 도착해보니 그사이 줄이 엄청나게 길어져 12시간을 기다려야 했다. 반면 허각은 아침 일찍 오디션에 참가했는데, 심사 초반부였기 때문에 그 시간에는 심사위원들의 컨디션이 아마 좋았으리라. 하지만 12시간이 지나 허공의 순서가 돌아왔을 즈음엔 심사위원들도 무척 지쳤을 것이다. 게다가 허공이 선정한 오디션 곡은 그해의 히트곡이었는데 이미 많은 사람들이 같은 곡을 불렀을 테니 아무리 잘 불러도 심사위원 입장에서는 지겨웠을 수도 있다.

이렇게 두 사람의 길은 갈라졌지만, 두 사람의 운명이 완전히 달라졌다고 볼 수는 없다. 왜냐하면 허공 역시 허각과 마찬가지로 계속해서 앨범을 내고 가수로 활동하고 있기 때문이다.

어머니 뱃속에서 나오는 순간, 우리는 첫 호흡을 통해 이번 생의 운명을 부여받게 된다. 사주팔자나 별자리에서 생년월일시를 묻는 이유 또한 태어난 순간 운명의 여러 변수들이 고정값으로 정해진다고 보기 때문이다. 태어난 나라, 성별, 부모 등의 초기 고정값은 바꾸기 어렵기 때문에 우리는 일반적으로 타고난 고정값에 맞춰서 살아간다. 운명학에서는 여기에 더해 타고난 기질과 대운의 흐름 또한 태어난 순간 어느 정도 큰 틀에서 정해진다고 본다.

운명이라는 단어는 '운전할 운運'*과 '목숨 명命'의 두 한자어로 이루어져 있다. 명이 '자동차'와 같은 주체라면 그 주체가 지나가는 '도로'가 운인 셈이다. 시공간적 개념으로 나누면 운이라는 시간 위에 명이라는 공간이 놓이는 것이다.

조금 더 구체적으로 설명해보자. 자동차에는 승용차, 스포츠카, SUV, 전기차, 봉고, 트럭, 버스, 탱크, 경운기, 포클레인 등 다양한 종류가 있다. 도로는 어떠한가. 고속도로, 국도, 시내도로처럼 포장된 도로도 있고, 오솔길, 자갈밭길, 논밭, 산길, 가시밭길, 늪지대 등 다양한 형태와 질감의 길이 있다.

만일 내가 스포츠카로 태어났다면 고속도로에서 속도를 내며 신나게 달릴 것이다. 반대로 경운기로 태어났다면 논밭에서 제 역할을 하게 된다. 내가 스포츠카인데 논밭을 달려야 한다면 스포츠카의 장점을 활용하지 못하고 속도를 내지도 못해 답답할 것이다. 벼와 같은 논밭에 심긴 작물들과 계속 접촉하며 차체가 상할 수도 있다. 하지만 그런 어려움에도 불구하고 계속 달리면 언젠가는 논밭을 벗어날 테고, 도로와 고속도로를 거쳐 목적지에 도착할 수 있다.

여기 두 명의 운전자가 있다. 두 사람 모두 똑같은 사양의 승용차를 운전한다. 두 사람 모두 경부고속도로 만남의 광장 휴게소에서 우동을 먹은 후, 똑같은 시간에 출발해 같은 속도로 길을 달

---

* 흥미롭게도 '운전運轉', '운행運行'의 '운'도 '운전할 운運' 자를 쓴다.

린다. 그렇다면 이 둘은 같은 목적지에 도달할까? 아니다. 도중에 단 한 번만 길을 틀어도 다른 곳에 도착하게 된다. 평행선이던 두 철로가 단 1도만 틀어져도 철로의 목적지가 각각 부산과 창원으로 달라지는 것처럼 말이다.

이쯤에서 나의 이야기를 들려드리겠다. 나는 이란성 쌍둥이로 태어났다. 제왕절개로 거의 같은 시각에 태어난 누나와 나는 같은 부모님 밑에서 비슷한 유년기를 보냈다. 둘 다 아토피 피부염으로 오랜 시간 고생했다는 점도 같다. 하지만 성인이 된 후 누나는 줄곧 안정적인 삶을 추구했고, 나는 도전하는 삶을 선택했다. 그러한 인생의 크고 작은 선택들이 쌓여 우리를 각자 다른 길로 인도했다. 현재 누나는 자신이 뜻한 대로 안정적인 직장인이 되었고, 나는 운과 운명을 연구하는 사람이 되었다. 이처럼 타고난 명과 내게 주어지는 운 못지않게 중요한 것이 나의 의지와 선택이다.

유튜브를 보다 보면 종종 이런 댓글을 만나게 된다.

"오늘도 알 수 없는 알고리즘이 저를 이곳으로 이끌었습니다."

만약 당신이 유튜브에서 '타로마스터 정회도'를 검색한다면 내 채널과 영상이 검색 결과로 잡힐 것이다. 그중 관심이 가는 영상이 있어 몇 개를 골라 재밌게 보고 나면, 당신이 내 채널을 구독하지 않아도 유튜브에 접속할 때마다 홈 화면에 한 번씩 내가 출연한 방송 영상이 뜨게 된다. 다른 타로마스터들의 타로 영상이 나타날 때도 있을 것이다. 아니면 타로카드 영상을 즐겨보는 사람들이 공통적으로 좋아하는 전혀 다른 엉뚱한 영상(이를테면 고양이를 주제로 한 영상)이 추천될 수도 있다. 유튜브 알고리즘이 내가 검색한 키워드나 클릭한 영상에 관한 정보를 토대로 나의 관심사를 분석해서 더 관심을 가질 만한 영상을 추천하는 것이다.

　시청자가 아닌 채널 운영자의 입장에서 보아도 유튜브 알고리즘은 놀랍다. 나는 영상 업로드 후 조회수가 어떻게 나오는지 한 시간 정도 지켜보는 편인데, 생각보다 반응이 좋지 않은 경우에는 제목이나 섬네일을 바꾸기도 한다. 제목의 한두 단어만 바꿔도 조회수가 갑자기 올라가기도 하고, 시청자의 구성이 확 달라진다. 예를 들어 섬네일 제목을 '좋은 소식'이라고 달아두니 조회수 증가 속도가 다른 영상에 비해 떨어지기에 '곧 다가올 좋은 소식'으로 바꿔본 적이 있다. 그러자 조회수가 평균 이상으로 올라가더니 한 달 동안 올린 영상 중 가장 높은 조회수를 기록했다. 작은 인풋의 차이가 큰 아웃풋의 변화로 나타남을 실감했다.

　유튜브 알고리즘을 알아내기 위해서 많은 전문가들이 분석 중이지만, 정석이라고 할 만한 이론은 현재까지 없다. 그럴 수밖에 없는 것이 유튜브 AI(인공지능)는 계속 학습하고 진화하면서 업그레이드되기 때문에 인간이 알고리즘을 알아낸다고 해도 다음 날 다시 그 알고리즘이 업그레이드된다. 그래서 유튜버들 사이에서는 '유튜브 신만이 알고리즘을 알고 있다'는 농담 같은 이야기가 오고 간다. 끊임없이 변화하는 점, 인간은 이 변화에 맞춰 적응해야 하는 점에서 운과 유튜브 알고리즘은 비슷하다고 볼 수 있다.

눈에 보이지 않지만 이 우주에도 무의식의 빅데이터가 축적되고 있다. 이를 아카식 레코드akashic records라고도 한다. 구글 검색망에 잡히는 지구상의 모든 데이터를 합친 것보다 훨씬 더 광대한 분량의 데이터가 우주의 데이터베이스에 쌓이는 것이다. 이를 토대로 자가 발전하는 정교한 알고리즘은 우리가 내보내는 파동과 접속하여 우리의 운명을 치밀하게 설계한다. 나의 관심사, 생각, 감정 등의 키워드를 우주에서 기억하고 있다가 그와 일치하는 운을 보내주는 것이다.

타고난 순간 주어진 데이터는 한 사람의 기본값이 된다. 허나 같은 운명으로 시작했어도 운을 어떻게 쌓느냐에 따라 농부가 될 수도, 농협 직원이 될 수도, 농림부 장관이 될 수도 있는 것이다. 물론 가족, 사회, 환경에 휩쓸려 자신의 운명과는 전혀 다르게 사는 경우도 있다. 예를 들면 농사와 인연을 갖고 태어난 사람이 부모의 기대로 의사가 되어 살다가 은퇴 후 뒤늦게 귀농을 할 수도 있다. 그런 경우 인생의 대부분을 맞지 않는 옷을 입고 사느라 불편했을 수도 있다. 이렇게 태어나면서 주어진 기본값 위에 내가 살아가면서 매 순간 선택한 데이터들이 쌓이며 나의 '운명'이라는 데이터베이스가 만들어진다.

운과 운명의
지구게임

'운이 좋았어'라는 말은 익숙하지만 '운명이 좋았어'라는 말은 뭔가 어색하다. 운과 운명은 비슷한 말 같지만 다른 개념이다. 두 개념의 차이를 이해하기 위해 '지구게임'이라는 비유를 하려고 한다.

　우리는 지구라는 별에 게임을 하러 온 하나의 캐릭터다. 이 지구게임에서 나에게 주어진 캐릭터는 '명命'이라 할 수 있다. 지구게임을 시작하는 각각의 캐릭터에게는 이번 게임에서의 미션, 고유의 특성, 능력치, 비장의 무기, 치명적인 약점 등이 부여된다. 만일 이번 지구게임에서 멋진 캐릭터로 태어났다면 이전 지구게임에서 획득한 결과의 보상이고, 다소 부족한 캐릭터로 태어났다면 이전 지구게임에서 갖고 온 벌점이다. 이것을 '카르마karma' 또는

29
제1장 무엇이 운을 만드는가

'업業'이라고 한다. 이미 부여받은 캐릭터가 마음에 들지 않는다고 세상을 원망하기보다는 지금의 캐릭터로 어떻게 하면 지구게임의 미션을 클리어할지 생각하는 것이 현명하다.

캐릭터가 가진 특성이나 능력을 어느 정도 업그레이드할 수 있지만, 기본 틀에서 완전히 벗어나는 것은 어렵다. 그래서 캐릭터가 마음에 안 든다고 운명을 거역하는 것보다 어느 정도는 인정하고 받아들이는 것도 현명하다. 나는 이번 지구게임에서는 운동신경이 떨어지는 캐릭터로 태어났지만 운동선수에 대한 로망이 있다. 특히 이종격투기 같은 강인하고 터프한 경기를 보며 대리만족을 느낀다. 만일 내가 이종격투기 선수라는 꿈을 갖고 모든 것을 포기하고 격투기 운동 연습만 한다고 해서 과연 프로 경기에 나설 수 있을까? 단언컨대 나는 아니라고 생각한다. 자칫 운이 좋아서 링 위에 올라간다 해도 대결 상대에게 얻어맞고 내려올 것이다.

명과 달리 '운運'이라는 것은 매 라운드에서 주어진 시나리오라고 생각하면 된다. 명리학에는 '인생의 계절'이라는 개념이 있다. 30년 주기로 봄, 여름, 가을, 겨울을 지난다는 의미다. 어떤 사람은 겨울에 태어나고, 어떤 사람은 여름에 태어난다. 또 10년 주기로 대운이 나뉘고 그 기간 동안에도 무수한 세운을 거치며 좋은 시기와 나쁜 시기가 반복된다. 이렇듯 큰 틀의 시나리오는 운으로 정해져 있지만 그 안의 세세한 시나리오는 캐릭터인 내가 만들어간다. 겨울을 지나는 시기에는 가진 것을 아껴 먹으면서 부지런히 바구니를 만들고, 과수원을 지나는 시기에는 바구니에 열심히 과일을 담는 것이다.

우주적인 관점에서 보자면 지구는 학교 같은 곳이다. 지구게임 참가자들의 첫 번째 공통미션은 다른 캐릭터에게 피해를 주지 않는 범위에서 어떤 경험이든 다양한 경험을 하고 그 경험 안에서 깨달음을 얻는 것이다. 깨달음을 통해 캐릭터의 성숙도는 계속 올라간다. 수만 번의 지구게임을 실행하는 동안 성숙도가 쌓여서 임계치에 도달하면 지구게임을 끝마치고 다음 단계의 차원으로 넘어가게 된다. 이것을 불교에서는 윤회의 사슬을 끊고 해탈한다고 말한다.

두 번째 공통미션은 '게임'이라는 단어에 힌트가 있다. PC방에서 게임을 하는 중학생에게 "너 왜 게임하니?"라고 물어보면 "재밌어서요"라고 답할 것이다. 재미를 추구하는 것은 지구게임 참가자들의 두 번째 공통미션이다. 매일 매 순간을 재미있게 살면 두 번째 공통미션을 클리어하고 있는 것이다. 미래를 위해 현재의 즐거움을 참는 것은 지구게임을 제대로 하고 있는 것이 아니다. 현재를 즐기면서 사는 것. 즉 '현존'은 지구게임의 두 번째 공통미션이다.

위의 두 가지 공통미션 외에 각 개인마다 주어진 미션을 알기 위해서는 이번 지구게임에서 내가 어떤 경험을 하기 위해 왔는지를 알아야 한다. 당신은 이번 생에서 부자가 되어서 전생에 누려보지 못한 호사를 누리러 왔을 수도 있고, 많은 사람들에게 사랑을 받고 싶어서 왔을 수도 있다. 아니면 깨달음을 통해 소울soul을 한 차원 더 높게 진화시키기 위해 왔을 수도, 어두운 곳을 밝혀주는 세상의 빛과 같은 사람이 되고자 왔을 수도 있다. 여기서 각 미션 사이에 우열은 없다. 부자가 되어서 호화롭게 사는 삶이 세상의 빛이 되는 삶보다 격이 높거나 낮다고 말할 수 없다. 각자의 소울에 맞는 운명을 살고 종착지에 도달하는 인생이 격이 높은 인생이다.

내가 지금 어떤 캐릭터로 태어났고, 어떤 게임을 하고 있는지, 나의 미션은 무엇인지 인식하는 것이 운의 알고리즘의 시작점이다. 이때 가장 중요한 것은 나의 분수分數를 아는 것이다.

"네 분수를 알아라."

이 말은 주로 상대방을 무시할 때 쓰이기 때문에 듣는 입장에서는 기분이 나쁘다. 하지만 맞는 말이다. 나눌 분分, 셈 수數. 즉 나의 분수를 안다는 것은 나에게 나눠진分 운수運數를 아는 것이다. 소크라테스의 "네 자신을 알라"도 이와 같은 의미를 갖고 있다. 운명을 인식하는 단계에서 우리가 자신의 분수에 맞는 낙관론적 운명 인식을 할 때 잘될 운명으로 가는 운의 알고리즘이 만들어진다.

분석이 끝났다면 이제 본격적으로 게임에 임해야 한다. 운명을 인식하고 거기서 멈춘다면 철길을 잘 깔아놓고 기차가 가지 않는 것과 같다. 사람은 크게 실행하는 자와 실행하지 않는 자로 나눌 수도 있다. 내가 상담했던 손님들 가운데 스스로 인생을 성공적으로 살고 있다고 생각하는 사람들의 공통점이 있다. 우선 이들은 상담 시간이 짧다. 자기가 당장 해야 될 것이 무엇인지만 알면 상담을 마무리하고 자리에서 일어선다. 그러고 나서 이후에 다시 나를 찾아왔을 때, 이렇게 말을 꺼낸다.

"일전에 말씀해주신 대로 '해봤는데'요."

실행하는 데 있어 중요한 요소는 타이밍이다. 타이밍은 날씨와 비슷하다고 보면 된다. 배를 타고 잘될 운명이라는 목적지로 가는데 순풍을 타고 갈지 역풍을 이겨내면서 갈지를 결정하는 것이 타이밍이다. 잘 인지한 자신의 운명을 타이밍에 맞게 실행한다면 운의 알고리즘이 잘될 운명으로 잘 가고 있는 것이다. 하지만 여기서 끝이 아니다. 실행이 곧 성공을 보장하지는 않는다. 실행의 결과는 성공하느냐 실패하느냐로 나뉜다. 만일 실패를 했다면 다음 단계로 가야 한다.

운명도 잘 인식했고, 타이밍에 맞게 실행도 했는데 실패를 했다면 내 역량의 부족이라고 봐야 한다. 어쩌면 분수 파악에 오류가 있었을 수도 있다. 그 오류를 커버해줄 수 있는 방법에 대해서는 제3장에서 자세히 설명하겠다.

잘될 운명으로 가기 위한 지구게임의 마지막 단계는 '행복한가?'라는 질문에 답을 하는 것이다. 상담을 하면서 만난 많은 성공한 사람들이 생각보다 심각한 우울감과 무기력함을 안고 있었다. 정상에 오르면 행복할 것이라고 생각했지만, 막상 정상에 가보니 자신이 찾던 행복이 없는 것이다. 오히려 올라가는 과정 그 자체가 행복한 것인데 그 과정을 당시에는 즐기지 못하는 경우가 많다. 더 오를 곳이 없고 당장 보이는 것은 내려가는 길뿐이니 어디서 다시 시작해야 할지 모르는 상황이다. 이런 경우는 과감하게 운명 인식 단계로 되돌아가는 것도 괜찮다.

주어진 운명의 인식, 타이밍에 맞는 실행, 성공과 실패, 귀인, 행복으로 만들어지는 운의 알고리즘은 한 번 세팅된다고 해서 끝나는 것이 아니다. 나의 의식과 소울이 성숙해지는 것에 맞추어 끊임없이 수정되어야 한다.

내 운명을 알고 거기에 맞는 운을 쌓아가는 것. 그것이 운 좋은 사람으로 사는 법이자 잘될 운명으로 가는 길이다.

부자는
타고나는 것인가?

영어로 '점쟁이'를 '운을 읽어주는 사람'이라는 뜻에서 'fortune teller'라고 한다. 흥미롭게도 영단어 'fortune'은 '행운'이란 뜻과 '재산'이라는 뜻을 동시에 가지고 있다. 즉 '행운=부'의 공식이 성립하는 셈인데 많은 사람들의 꿈이 로또 당첨인 걸 보면 동서고 금을 막론하고 일확천금을 바라는 마음은 크게 다르지 않은 것 같다. 재산을 축적하는 과정이 행운을 필요로 한다면, 부자는 애초에 타고나는 것일까?

'부지런하면 궁핍은 면할 수 있으나 반드시 부자가 되는 것은 아니다'라는 말이 있다. 나는 누구나 노력하면 부유해질 수 있지만 재벌은 하늘에서 내린다고 생각한다. 자수성가한 창업가는 타고난 재벌의 운명을 갖고 있다고 볼 수 있다. 실제로 현대의 정주

영 회장, 삼성의 이병철 회장은 이미 20~30대에 큰 성공을 거두었다. 반면 재벌 2세 또는 3세는 창업 1세대와는 완전히 다른 운명을 타고날 수도 있다.

힌두교에는 삼주신三主神이 있다. 창조의 신 브라만Brahman은 우주를 생성하고, 유지의 신 비슈누Vishnu는 우주를 유지·발전시키고, 파괴의 신 시바Shiva는 우주를 소멸시킨다. 삼라만상은 창조, 유지, 소멸의 단계를 거친다. 기업도 부富도 마찬가지다. 기업을 일으켜서 재벌이 된 창업가들은 브라만의 운명을 타고났다고 볼 수 있다. 재벌 2세, 3세는 브라만, 비슈누, 시바 중 하나의 운명을 타고날 것이다.

이병철 회장이 자신의 후계자로 누가 적통인지 제산 박재현 선생에게 물어본 일화는 유명하다. 질문을 던지고 나서 일주일 후, 제산 선생의 답이 적힌 종이를 펼쳐 본 이병철 회장은 이번엔 제산 선생의 천리안이 자신과 크게 어긋났는데 그럼에도 선생의 답을 따라야 하는지 재차 물었다. 제산 선생은 반드시 그렇게 하셔야 한다고 단호하게 말했다. 그 종이에는 '삼성대운 삼남건희'라는 여덟 글자가 쓰여 있었다고 한다.

이후 후계자로 낙점되어 회사 경영을 물려받은 이건희 회장은 세계를 누비며 삼성을 글로벌 기업으로 키워 '승어부(勝於父, 아버지를 뛰어넘다)'라는 평가를 받았다. 유지의 신 비슈누의 운명 또는 그 이상을 타고났다고 볼 수 있다. 아버지가 창업한 업과는 전혀 다른 업종으로 기업을 키운 재벌 2세도 있다. 이런 경우 브라만의 운명이라고 볼 수 있겠다. 대를 이어온 기업을 공중분해 해버린 재벌 2세, 3세는 시바의 운명이라 볼 수 있다.

누구나 부러워하는 재벌은 과연 좋은 운명일까? 나의 답은 글쎄다. 옛말에 천석꾼은 천 가지 걱정, 만석꾼은 만 가지 걱정을 한다고, 수많은 부자들을 상담해보니 그들에겐 보통의 우리가 생각지도 못하는 고민들이 많았다. 경영권을 두고 가족끼리 다투기도 하고, 노조와의 갈등으로 극도의 스트레스를 받는 경우도 있었다. 정치권에 밉보여 갑작스러운 세무조사를 받고 세금폭탄을 맞아 유용할 현금이 없어 쩔쩔매는 기업인도 보았다.

재벌까지는 바라지 않으니 부자로 살고 싶다는 이들도 많을 것이다. 그렇다면 나는 부자의 운명으로 태어났을까? 사람들이 돈을 많이 벌고 싶어 하는 이유는 크게 두 가지다. 하나는 잘 먹고, 잘 쓰려고 하는 경우이고 다른 하나는 돈이 모이는 것 자체를 좋아하는 경우다. 돈이 모이는 것 자체에 행복을 느끼는 사람들은 돈을 못 쓰는 경우가 많다.

내가 아는 사람 중에 강남 대형 빌딩의 건물주인데 그 건물의 주차관리실에서 주차요금 정산 일을 하는 이가 있다. 그가 큰 빌딩을 소유하고 있으면서도 주차요금 정산 일을 하는 까닭은 이전에 주차관리실에서 일하던 사람이 현금으로 받은 돈을 개인적으로 좀 챙겼던 일이 마음에 쓰이기 때문이라고 한다. 점심식사도 그 빌딩에 임대료를 내고 들어온 은행의 지점장이 짜장면을 시켜줘야 챙겨 먹지, 그렇지 않으면 종일 굶다가 집에 가서 저녁을 먹는 일이 많다고 했다.

생각보다 이런 부자들이 우리 주변에 꽤 많다. 남에게 피해 안 주고 자기만의 행복을 추구하고 느끼는 것이므로 그의 이런 삶을 두고 잘못되었다고 할 순 없다. 다만 이런 경우 돈은 많으나 주변에 사람이 없어 외로울 수도 있다.

그렇다면 내 돈그릇의 크기는 얼마일까? 즉, 나는 얼마까지 벌 수 있을까? 먼저 말해두고 싶은 것은 서른다섯 살 이전에는 그 기준점을 잡기가 어렵다. 그 전까지는 본인이 가진 돈그릇의 모양과 크기를 스스로 파악하기 어려울뿐더러 변화무쌍한 세상을 겪으며 하는 일이나 생각이 수없이 바뀌기 때문이다. 물론 서른다섯 살 이후에도 하는 일은 여러 차례 바뀔 수 있지만, 일반적으로 그때까지 형성된 돈그릇의 모양과 크기는 이후에 극적인 변화를 일으킬 가능성이 크지 않다.

이 말은 곧 서른다섯 살 이전까지는 당장 돈을 적게 번다고 해서 미래에 대해 부정적으로 생각할 필요가 없다는 뜻이다. 그것은 돈그릇을 만들어가는 과정에서의 흐름일 뿐 멀리 보면 큰 의미가 없다. 운의 흐름을 타면 1년 사이에도 인생이 드라마틱하게 바뀔 수 있다. 특히 요즘 같은 시대에는 1년 사이에 유튜브 스타가 되기도 하고, 코로나19와 같은 외부 요인으로 잘나가던 사업체가 도산하기도 한다. 그러므로 지금 당장 내 상황이 부진하다고 낙담할 필요도 없고, 잘나간다고 자만해서도 안 된다.

그러면 내가 최대로 벌 수 있는 금액을 계산해보자. 첫 번째로는 서른다섯 살 이전까지 가장 돈을 많이 벌었던 해에 얼마를 벌었는지 떠올려보자. 그리고 그 금액에 곱하기 10을 해보자. 만일 당신이 2018년에 연봉 5천만 원에 인센티브 1천만 원을 받았던 것이 지금까지 살면서 가장 많이 벌었던 돈이라고 하자. 6천만 원 곱하기 10을 하면 6억 원이 된다. 즉, 당신은 1년에 최대 6억 원을 벌 수 있는 사람이다.

다시 말해 내가 갖고 있는 돈그릇의 최대치는 35세 이전까지 번 최고 금액에 곱하기 10을 한 값이다. 이 수치는 내가 운명학 상담을 하면서 경험적으로도 느낀 것이다. 다양한 분야의 운명학 선생님들의 의견을 들어보면 타고난 돈그릇의 3~10배 사이의 수치를 최대치로 말한다. 10배를 넘는다는 의견은 지금껏 보지 못했다. 이는 질적 연구 결과이기 때문에 오차는 있겠지만 그것은 그리 중요하지 않다. 중요한 것은 기준을 잡는 것이다. 당신은 이제 앞으로 본인이 벌 수 있는 돈의 최대치는 1년에 6억이라는 비전을 갖고 앞으로 나아갈 수 있다. 이 정도만 벌어도 행복하게 사는 데 전혀 지장이 없다. 만일 지금껏 올린 최고 수입의 곱하기 2로만 벌어도 충분하다고 생각하면 거기까지만 하는 게 좋다. 행복하기 위해서는 1년에 1억 내외만 있으면 되는데 굳이 6억을 벌려고 애쓸 필요는 없다. 돈을 벌기 위해서는 시간과 에너지라는 비용이 들어가기 때문에 돈을 버는 데 최소한의 에너지를 쓰고 남는 에너지를 더 중요한 곳에 써도 괜찮다.

운의 관점에서는 부를 축적하는 것만큼 유지하는 것도 중요하게 본다. 이에 대한 몇 가지 팁을 나눠볼까 한다.

첫째, 드러나지 않게 돈을 벌어야 한다. 돈은 누구나 원하는 것이기 때문에 많이 가진 사람은 질투와 시기의 대상이 될 수밖에 없다. 특히 한국에서는 부자가 되려면 드러나지 않게 돈을 벌어야 한다. '사촌이 땅을 사면 배가 아프다'라는 속담은 전 세계에서 한국에만 있는 속담이라고 한다. 부가 밖으로 드러나면 공격을 당하거나 빼앗긴다. 유명 유튜버나 셀럽 가운데 슈퍼 카와 펜트하우스를 자랑하던 사람들의 종착지가 대부분 어디였는지를 한번 생각해보자. 돈 자랑을 하다 보면 사람들의 질투와 시기가 차곡차곡 보이지 않게 쌓인다. 그러다가 하나의 작은 실수로 구멍이 생기면 그동안 쌓인 질투와 시기가 봇물처럼 터지고 부의 댐은 한순간에 무너진다. 심지어 부자가 아닌데 부자인 척해서 사람들을 끌어 모은 후 그 사람들로부터 돈을 버는 이들이 있는데 이 경우 그 말로가 비참할 정도로 좋지 않다. 부자로 살고 싶다면 돈 자랑은 하지 말아야 한다. 이는 앞으로 부의 양극화의 가속으로 인해 더욱 강력한 부의 유지 원칙으로 자리 잡을 것이다.

둘째, 자신의 운을 알아야 한다. 현재의 외부적인 시장 상황을 인식하는 것만큼 자신이 어떤 운의 흐름을 타고 있는지 파악해야 한다. 자신의 운을 쉽게 체크하는 방법은, 우선 현재 가족 외에 제일 연락을 많이 하는 사람을 세 명 추려본다. 그리고 그들의 현재 운 상태가 어떤지 객관적으로 판단해본다. 그것이 나의 운 상태일 가능성이 높다. 내 운이 안 좋다고 판단될 때는 운 좋은 사람한테 밥을 사면서 때를 기다리고, 운이 좋다고 판단되었을 때는 도전할까 말까 고민되는 일에 도전하면 된다.

셋째, 부를 나눈다. 내가 가진 것을 나눌 때 고양된 에너지 파장이 나를 감싸게 된다. 내가 세상에 작은 빛이 되었다는 존재감과 도움을 받은 사람의 좋은 에너지 파장이 이어지는 것이다. 이 파장은 눈에 보이지 않지만 나에게 불운이 닥칠 때 자동차의 에어백 같은 역할을 한다. 오래전, 유명 연예인의 구설을 취재하는 연예 뉴스를 본 적이 있다. 기자는 구설의 진상을 캐기 위해 그 연예인이 사는 아파트의 경비원을 인터뷰했는데, 예상 밖의 미담이 쏟아졌고 오히려 그 연예인이 그동안 남모르게 해왔던 선행들이 밝혀졌다. 덕분에 여론은 방향을 바꿔 호의적으로 흘러갔고 그를 둘러싼 안 좋은 소문이 사실이 아니라는 것이 밝혀지면서 그는 이미지의 타격 없이 문제 상황을 지나가게 되었다. 그동안 쌓은 나눔이 구설수의 충격을 흡수해준 것이다.

나눈다는 것은 아무나 할 수 있는 행동이 아니다. 아무리 돈이 많아도 자신이 가진 것을 선뜻 나누기란 쉽지 않다. 나눔을 아직 시작하지 못했다면 운동 습관을 들이듯 작은 것부터 나누는 습관을 만들어야 한다. 장기적으로 보았을 때 나눔의 습관은 나의 부를 더 튼튼하게 만들어준다. 건강하게 오랫동안 부를 유지하고 싶다면 우리는 가진 것을 타인과 나눠야 한다.

열심히 사는데
안 풀리는 사람들의 공통점

나는 다양한 사람들의 인생을 보면서 세상에 평범한 인생은 없다는 걸 알게 되었다. 우리 모두에게는 각자 자기만의 역사와 드라마가 있다. 이처럼 사람마다 운의 알고리즘도 지문처럼 각각 다르다. 부여받은 운명을 받아들이지 못해 '왜 나는 이렇게 태어났을까?', '나한테 왜 이런 시련이 온 걸까?' 하며 질문을 던지는 이들도 많다. 나 역시도 운의 알고리즘을 깨닫기 전에는 '왜 나에게만…'이라는 질문을 참 많이 했었다.

우리에게 왜 이러한 운명이 주어졌는지 인간의 논리로 설명하기란 쉽지 않다. 우주의 이치에 따라 일어나는 일을 인간의 이성으로 모두 다 설명할 수 있다고 생각하는 것은 오만이다. 전생의 인과응보나 조상의 기운 등으로 설명하려는 시도도 있으나 명쾌하게 다가오진 않는다. 이때 우리가 떠올려봄직한 말이 있다. 우리는 상대의 설명이 어느 정도 타당하다고 생각될 때 이렇게 말한다.

"그 말도 '일리―理'가 있어."

하나의 이치 정도는 맞는 것 같다는 뜻이다. 인간이 우주의 이치를 아무리 잘 이해하고 설명해봤자 하나 정도 맞게 말하는 것이다. 영화 속 전쟁 장면을 보면 사방에서 총알이 빗발치곤 한다. 그 상황에서 등장인물 중 누군가는 적군이 쏜 총알에 맞아 부상을 당하기도 한다. 현실에서 이런 일이 생겼다고 치자. 그 순간 누가, 왜 당신에게 총을 쐈는지 알기 위해 고민하는 것이 맞을까? 누가 쐈는지 알았다면, 그 사람은 무조건 나쁜 사람일까? 그렇다고 볼 수도 있고, 아닐 수도 있다.

우주의 이치에 따라 일어나는 일들은 선악을 구분 짓기 어려운 것들이 대부분이다. 나에게 일어난 일의 선악 또한 따지기 어렵다. 따라서 상황을 있는 그대로 받아들이고 그 지점에서 최선책을 찾는 것이 현명하다. 그럼에도 불구하고, 왜 나만 이렇게 인생이 안 풀리는지 알고 싶다면 다음의 경우에 해당하지 않는지 살펴보자.

첫째, 비관적으로 운명을 인식하는 경우다. 사건을 보는 관점에 따라 사람은 크게 낙관주의자, 비관주의자, 긍정주의자로 나눌 수 있다. 낙관주의자는 모든 일을 항상 좋게 본다. 안 좋은 상황에서도 좋아질 거라고 전망한다. 비관주의자는 어떤 상황에서도 안될 부분만 본다. 긍정주의자는 낙관도, 비관도 하지 않는다. 다만 있는 그대로의 사실을 받아들인다. 이 셋 중 비관주의자 유형의 인생이 제일 잘 안 풀린다. 비관주의자는 좋은 상황에서도 안될 부분만 찾아내니, 안될 상황에서는 더 잘 안 풀린다. 낙관주의자 유형은 어려운 상황도 좋게만 보기 때문에 위험에 처할 수 있다. 어떤 경우에는 낙관주의자가 세상을 더 망가뜨리기도 한다. 현실을 있는 그대로 바라보는 긍정주의자의 인생이 가장 잘 풀린다.

다시 총상의 비유로 돌아가자. 내가 지금 팔에 총을 맞은 사실을 부정하고 치료하지 않으면 어떻게 되겠는가? 피가 계속 흘러서 상태가 더 악화될 것이다. 심지어 목숨을 잃을 수도 있다. 나에게 찾아온 일이 좋든 나쁘든 우리는 그 상황을 냉정하지만 긍정적으로 인식해야 한다. 비록 팔은 총을 맞았어도 두 다리는 현재 괜찮으니 의무병을 찾아가 치료를 받으면 지금보다 나아질 것이라고 믿는 게 긍정적 인식이다. 곧 과다출혈로 죽게 될 테니 가족에게 마지막 유서를 남겨야겠다고 생각하는 건 비관적 인식이다. 비관적으로 운명을 인식한 사람에게는 운의 알고리즘이 그 방향으로 계속 적용이 된다. 가랑비에 젖듯 안될 운명에 푹 젖게 된다.

둘째, 준비가 안 되어 있는 경우다. 실낱같이 미약한 기회도 쇠사슬처럼 단단히 만들어야 인생이 잘 풀린다. 인생이 안 풀렸다면 준비가 부족하거나 전혀 없어서 쇠사슬 같은 운도 실낱처럼 가느다랗게 만들었을 가능성이 크다. 직관적인 이해를 돕기 위해 짧지만 탁월한 우화를 하나 들려주겠다.

어느 날, 한 억만장자가 세 사람에게 빈 가방을 하나씩 갖고 오라고 했다. 그러자 첫 번째 사람은 빈손, 두 번째 사람은 종이 쇼핑백, 세 번째 사람은 튼튼한 캐리어를 들고 왔다. 세 사람이 모두 도착하자 억만장자가 말했다.

"내 창고에 가득 차 있는 금괴를 당신들이 지금 갖고 갈 수 있을 만큼만 가져가시오."

누가 얼마나 많은 금괴를 가져갔을지는 안 봐도 뻔하다. 이렇게 준비가 되지 않으면 기회가 와도 자신의 몫만큼을 손에 쥘 수 없다. 당장은 아니더라도 금괴를 얻을 수 있는 기회는 누구에게나 인생에서 반드시 한 번은 찾아온다. 기회가 왔을 때 놓치지 않으려면 내가 처한 환경에서 최선을 다해 살면서 운의 그릇을 최대한 키우고 있어야 한다.

셋째, 운의 흐름을 읽지 못하는 경우다. 실패 가능성은 과장되게 해석하는 반면 성공 가능성은 축소해서 해석하는 것이다. 즉, 조심해야 할 때 대범하고, 대범해야 할 때는 조심한다. 주식을 사야 할 때 팔고, 팔아야 할 때 사는 격이다. 늘 깨어 있으면서 흘러가는 나의 상황을 예의 주시할 때 실패를 피할 수 있고, 기회가 왔을 때 크게 베팅할 수 있다.

'철부지'라는 단어가 있다. 여기서 '철'은 순우리말로 '사리를 분별하는 힘'을 뜻하는 동시에 '계절'을 의미한다. 즉, 철부지(철+不知)란 '자신의 계절을 모르는 사람'이다. 자신의 인생이 지금 어느 계절을 지나는지 모른다면 계속해서 제 운명을 향해 헛발질한다. 마치 겨울에 추수하려고 가을에 씨를 뿌리는 격이다.

넷째, 쓸데없는 연민이 있는 경우다. 자기도 힘들면서 더 힘든 사람에게 연민을 느낀다. 그렇다 보니 주변에 안색이 안 좋은 사람들만 있다. 이들은 어쩌다 귀인이 도움을 주면 고마워하지 않고 오히려 원망한다. 예수님이 원수를 사랑하라고 한 것은 원수임을 알고 있음에도 불구하고 사랑을 하라는 것이다. 원수를 귀인으로 착각하고 사랑하는 것과는 다르다.

운명을 받아들이는
네 가지 태도

"이게 다 엄마 때문이야."

부끄럽지만 내가 중학생 때부터 20대 초반까지 입버릇처럼 하던 말이다. 그 시기에 나는 아토피 피부염 때문에 내 인생을 마음대로 살지 못해 세상을 향해 원망의 마음을 품었다. 주변에 그런 마음을 구체적으로 드러내고 탓할 만한 대상을 어머니로 삼고 어머니 탓을 했던 것이다. 지금 생각하면 정말 어리석었다. 아직도 어머니에게 죄송한 마음이 사무친다.

아이를 낳아 키우면서 과거의 내가 어머니께 했던 행동을 더 후회하게 된 계기가 있다. 첫째 아이 백일 무렵에 내가 아이의 손톱을 잘라주다가 아주 살짝 살을 집어서 피가 조금 났다. 아이는 울지 않았지만 그날 밤 나는 한숨도 못 잤다. 처음에는 아이 손톱

하나 제대로 못 자른 나 자신을 자책했고, 혹시라도 염증이 생기면 어떡하나 걱정도 되었다. 생각은 꼬리를 물고 어머니의 마음을 헤아리게 되는 데까지 나아갔다. 자식의 작은 상처에도 이렇게 걱정이 되고 잠을 못 이룰 정도인데, 온몸이 상처투성이가 되어 매일 밤 괴로워하던 나를 바라보았던 어머니의 마음은 얼마나 아프고 힘드셨을까 싶었다. 그러나 지나간 세월은 이미 엎질러진 물과 같아 돌이킬 수 없다.

인류의 언어에는 과거·현재·미래의 시제가 존재하고, 언어는 사고를 지배하기 때문에 우리는 세상을 바라볼 때 순차적인 관점으로 바라본다. 하지만 이 셋은 분리된 시간이 아니고, 서로 연결되어 있고 상호작용한다. 즉, 현재의 관점의 변화가 과거와 미래를 변화시킬 수도 있다.

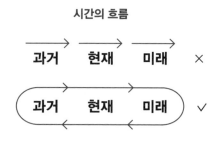

아버지를 한평생 원망하던 사람이 있었다. 어느 날 그가 아버지의 속사정을 듣고 오해가 풀려서 과거의 아버지를 용서하고 함께 잘 지내는 것을 본 적이 있다. 현재의 사건이 과거와 미래에 영향을 준 것이다.

나는 상담을 하면서 어쩔 수 없는 현재와 지나간 과거를 원망하면서 사는 사람들을 많이 보았다.

"나이를 먹으니 주름도 생기고 늙는 것 같아서 속상해요."

"아빠 때문에 내 인생이 이렇게 된 거예요."

"남들처럼 번듯한 아파트에 살고 해외여행도 다니고 해야 되는데 어느 세월에…"

"남편이 이제 제발 정신 좀 차렸으면 좋겠어요. 지긋지긋해요."

나이를 먹어가면서 주름이 생기는 것, 아빠가 과거에 나한테 잘못한 것, 당장에 넉넉한 돈과 시간을 만드는 것, 남편이 정신 차리는 것… 이런 것들은 내 마음대로 바꾸기 어려운 것들이다. 나이가 들면서 주름이 생기는 걸 어떻게 막을 수 있을까? 물론 화장품이나 미용 시술로 노화를 얼마간 늦출 수는 있겠지만, 아예 막을 도리는 없다. 50대가 20대처럼 되고 싶어 한다면 어리석은 것이다. 어리석음의 관점이 세팅되면 운의 알고리즘은 그 상태로 계속 고여 있게 된다. 새로운 운을 보내주지 않는 것이다.

내가 상담을 하면서 사람들이 세상을 바라보는 관점을 정리한 결과, 다음의 네 가지로 분류할 수 있었다.

1. 바꿀 수 없는 것을 바꾸려고 함. 이것을 '어리석음'이라 한다.

2. 바꿀 수 있는 것을 바꾸지 않음. 이것을 '나태함'이라 한다.

3. 바꿀 수 없는 것을 받아들임. 이것을 '평온함'이라 한다.

4. 바꿀 수 있는 것을 바꾸려고 함. 이것을 '용기'라 한다.

그리고 바꿀 수 있는 것인지 바꿀 수 없는 것인지 구별하는 것을 '지혜'라 한다.

우리가 가장 많이 범하는 어리석음 중 하나가 부모를 원망하는 것이다. 부모도 나를 선택하고 싶어서 선택한 것이 아니다. 우주의 법칙에 따라 서로가 이번 생에 인연이 된 것이다. 부모는 바꿀 수 없는 대상임을 받아들이고 주어진 상황에서 내가 가장 행복할 수 있는 방법을 찾는다면 평온이 찾아온다.

나는 영어를 잘 못한다. 읽고 쓰는 것은 어느 정도 하지만, 평소에 영어로 대화를 나눌 일도 딱히 없었고, 영어회화 실력을 증진시키기 위한 노력도 따로 하지 않았기 때문에 영어로 듣고 말하는 것이 잘 안 된다.

'내 인생 목표 중 하나는 세계 최고의 타로마스터인데, 영어를 못하니 나는 안될 것 같아.'

이러한 태도가 곧 나태함이다. 나의 영어 실력은 내 노력 여하에 따라 더 좋은 방향으로 바꿀 수 있는 영역인데, 노력도 해보기 전에 안될 것 같다고 포기하는 것은 상황을 바꾸지 않는 것이니 말이다. 나태함의 관점을 세팅하고서 잘되기를 바라는 건 어불성설이다. 이럴 때 쓰는 유명한 말이 있다.

'어제와 똑같이 살면서 다른 미래를 기대하는 것은 정신병 초기 증세다.'

다시 내 이야기를 하자면, 내가 영어 공부를 하지 않은 것은 아니다. 매일 아침 영어회화 학원도 오랫동안 다녀도 보았지만, 전념하지 않았기에 발전이 없었다. 이윽고 '띄엄띄엄하는 노력으로 새로운 언어를 익히기는 어렵구나' 하고 깨달았다. 그래서 어떻게 했을까? 나는 새로운 다짐을 했다.

'마흔 살이 되면 해외에 가서 영어 습득에 내 시간을 올인 하겠다.'

영어를 제대로 배우기 위해 마흔 살에 이국땅으로 건너가는 데에는 큰 용기가 필요하다. 이런 과감한 용기는 운의 알고리즘을 바꾼다. 내가 이 결심을 실행으로 옮겨 영어 실력을 향상시킨다면, 이후에 타로마스터로서 세계를 무대로 활동하게 되는 운이 찾아올지도 모른다.

바꿀 수 없는 것을 바꾸려고 하지 말자. 바꿀 수 있는 것은 용기를 내어 바꾸려고 하자. 단순하지만 어려운 일이다. 하지만 이것을 할 수 있다면 당신은 잘될 운명으로 흘러가게 된다.

운명의 운전대를
잡아보자

'운명'이라는 뜻의 영단어 'destiny'는 '목적지'라는 뜻의 영단어 'destination'과 같은 어원에서 비롯되었다. 어찌 보면 나의 운명을 살아가는 것은 목적지를 향해 나아가는 것과 비슷한 과정이다. '나'라는 차의 특성을 이해하고 이 차의 운전석에 앉아 운전대를 잡고 주체적으로 나아가야만 내가 의도한 목적지에 도착할 수 있다.

유년시절은 내 운명의 뒷좌석에 앉아 있는 시기로 부모나 형제자매 같은 가족, 학교 선생님이나 친구들의 영향을 많이 받는다. 설령 그들이 엉뚱한 방향으로 나아가서 고생을 하더라도 나의 잘못은 아니니 자책하거나 세상을 원망하지 마라. 아무리 늦어도 스물다섯 살 이후에는 가족이나 주변 사람의 영향에서 벗어날 수 있다. 인생을 100년 산다고 했을 때, 4분의 1에 해당하는 시기만 잠시 뒷좌석에 앉은 채 살면 된다.

하지만 스물다섯 살 이후에도 타인에게 휘둘리고 주어진 대로 하루하루를 보내다 결국 스스로가 원치 않는 모습으로 살고 있다면 그것은 온전히 내 탓이다. 내가 내 차의 주인으로서 운전석에 앉아 운전대를 잡을 수 있음에도 불구하고 계속 뒷좌석이나 조수석에 수동적으로 머물러 있었기 때문이다. 이는 마치 거실 형광등에 불이 들어오지 않아서 '전등 가는 법' 영상을 찾아보고자 유튜브에 접속했다가 유튜브 알고리즘이 추천하는 다른 엉뚱한 영상만 계속 시청하면서 하루를 다 보내버린 상황과 다를 바가 없다. 그 결과는 어떠한가? 고장 난 전등을 결국 고치지 못해 불이 들어오지 않는 깜깜한 암흑 속에 있게 되었다. 이 세상엔 우리의 정신을 산만하게 만드는 것들이 많아서 정신을 똑바로 차리고 내가 의도한 목적지를 향해 나아가지 않으면 어느 순간 정처 없이 떠돌아다니게 된다.

우리의 하루하루는 결코 가볍지 않다. 나에게 주어진 오늘 하루치의 삶에 감사하면서, 동시에 그 시간을 온전히 즐기고 내 운명을 향해 1센티미터라도 앞으로 나아가야 한다. 그렇게 산다면 인생이 참 보람되고 행복하다는 느낌을 받을 것이다. 반대로 무엇 때문에 살고 있는지 모른 채 의미 없이 흘러가는 대로 살아간다면 삶이 우울하고 무기력하게 느껴질 것이다. 이것이 운명의 주인으로 사는 삶과 노예로 사는 삶의 차이다.

운명의 주인은 자기 삶에 대해 명확한 목표나 미션을 스스로 세우고 그것을 위해 정성껏 살아간다. 운명의 노예는 주변 환경이 자신에게 부여한 인생을 어쩔 수 없이 살아간다. 주인으로 사는 사람은 이번 생을 마치고 떠날 때 태산 같은 죽음을 맞이하고 노예로 사는 사람은 티끌처럼 가벼운 의미 없는 죽음을 맞이한다. 너무 비장하게 들릴지 모르겠지만, 그만큼 '이번 생을 살아가는 일'을 진지하게 받아들이고 정성껏 살아야 한다.

그렇다면 내 운명의 목적지는 어떻게 찾을 것인가? 나는 타로마스터라는 직업으로 활동하고 있다. 이 일은 아직까지 사회적으로 대우받거나 사람들이 선망하는 직업은 아니다. 나는 타로마스터가 되기까지 주변의 반대에도 부딪혔고, 스스로도 이 길이 맞는지 알지 못해 어디 가서 내 직업을 당당하게 말하지 못하던 시절도 있었다. 하지만 여러 경험 끝에 이런 확신이 생겼다.

'나는 이 일을 할 때 행복하고, 가장 잘할 수 있고, 이 직업은 미래에 확실한 비전이 있다.'

그 확신으로 한 걸음 한 걸음 걷다 보니 어느새 15년이 흘렀고, 그즈음 나는 '이 길이 나의 운명'이라는 것을 알게 되었다.

예수님은 서른세 살에 십자가를 지셨다. 부처님은 스물아홉 살에 출가해 서른다섯 살에 깨달음을 얻으셨다. 그리고 점성학에서는 서른다섯 살이 되어야 자신의 미션을 알 수 있다고 말한다. 하루아침에 자기 운명을 찾는 것은 불가능하다. 어린 시절에 일찍 찾을 수 있는 것도 아니다. 인생을 어느 정도는 살아본 후에라야, 즉, 30대 중반 정도는 되어야 자기 운명이 무엇인지 찾을 수 있다.

나는 아이돌이나 유튜버 등으로서 20대에 이미 부와 명예를 얻은 이들도 많이 상담해보았는데, 그들 역시 자신의 진로와 미래에 확신이 부족해 진지하게 고민하고 있었다.

30대 중반이 넘었는데도 여전히 자신의 목적지를 찾지 못했다고 해서 좌절할 필요도 없다. 운명은 내가 이미 갖고 태어난 것이기 때문에 늦더라도 찾고자 한다면 언제든 찾을 수 있다. **주인(운명의 목적지)이 없는 집에서는 노예(주변 사람, 환경)들이 주인 행세를 하지만, 주인이 집에 돌아오면 바로 정리가 된다.**

이제 내 운명의 목적지를 찾아보자. 단기간의 목적지든, 장기간의 목적지든 중요하지 않다. 목적지의 예를 들자면 이렇다.

- 나는 예술로 사람들을 치유하는 사람이 될 거야.
- 나는 전 세계 곳곳을 여행하고 최대한 즐길 거야.
- 나는 책을 통해 사람들에게 영감을 줄 거야.

여기서 중요한 것은 주변 사람이나 환경의 영향을 받지 않고 내가 진정으로 원하는 것을 토대로 찾은 목적지여야 한다. 이런 질문도 생길 수 있다.

'힘들게 목적지에 도착했는데 내가 생각한 곳과 다르다면 어떻게 할까?'

답은 간단하다. 기존의 목적지를 수정해서 새로운 목적지를 찾아가면 된다. 그것이 목적지 없이 떠돌며 사는 삶보다 훨씬 더 발전되고 보람된 삶이다. 나중에 목적지를 수정하게 되더라도 지금 한번 내가 도착하고 싶은 목적지를 정해보자. 자주 쓰는 수첩이나 다이어리가 있다면 꺼내서 맨 뒷장을 펼치자. 깨끗한 A4 용지도 괜찮다. 뭐든 적을 수만 있으면 된다. 밤 11시에서 새벽 1시 사이, 누구의 방해도 받지 않는 장소에 자리를 잡는다. 그리고 다음 세 가지 질문에 답해보자.

첫째, 나는 3개월 후에 어떤 모습이 되고 싶은가?
둘째, 나는 1년 후에 어떤 모습이 되고 싶은가?
셋째, 나는 10년 후에 어떤 삶을 살고 싶은가?

세 가지 질문에 대한 생각이 한 번에 정리되지 않을 수 있다. 그렇다면 순간순간 떠오르는 이미지나 아이디어를 빠짐없이 종이에 적어본다. 적다 보면 정리가 되고 결론에 도달하게 된다.

다 적었다면 우선 당신이 향할 목적지는 결정되었다. 이제 목적지까지 빠르고 편하고 안전하게 갈 방법을 찾으면 된다. 제1장에서 나라는 '차'에 대해 알아보았다면, 이제부터는 본격적으로 '운전'을 시작할 것이다. 제2장에서는 이 도로의 규칙을, 제3장에서는 잘될 운명으로 가는 가속 페달을, 제4장에서는 안될 운명을 멈추게 할 브레이크를 밟는 방법을 알아볼 것이다. 제5장에서는 도로의 상황을 예측하고 이에 따라 방향을 바꾸는 방법을, 제6장에서 그런 순간을 선택하는 타이밍에 관해 알아볼 것이다.

제2장

운의 알고리즘 법칙

운 총량의 법칙
– 운에도 균형이 필요하다

어느 날, 전지전능한 신이 세 명의 남자에게 각각 한 가지씩 소원을 들어준다고 했다. 첫 번째 남자는, "세계 최고의 부자가 되게 해주세요"라고 말했다. 신은 흔쾌히 그 소원을 들어주었다. 두 번째 남자는, "세계 최고의 권력자가 되게 해주세요"라고 말했다. 신은 그 소원도 흔쾌히 들어주었다. 마지막 남은 세 번째 남자는, "우리 가족 모두 먹고사는 데 부족함이 없고, 건강하고 무탈하게 해주세요"라고 말했다. 신은 바로 대답했다.

"이보게나, 그렇게 좋은 자리가 있으면 내가 가고 싶네."

이 우스갯소리는 평범하고 무탈하게 사는 것이 가장 어려운 일임을 말해주기 위해 만들어진 이야기다.

나는 20대 때까지만 해도 건강하고 돈만 많으면 걱정과 고민이 없으리라고 생각했다. 하지만 오랜 시간 타로카드 상담을 하면서 남들 보기에 부러운 인생을 사는 사람들의 숨김없는 속사정을 많이 듣고 난 뒤로 생각이 바뀌었다. 돈 걱정이 사라지면 판도라의 상자가 열리는 것처럼 그 전에는 인지하지 못했던 또 다른 걱정들이 쏟아져 나온다.

한 대기업에서 강의가 끝나고 장비를 정리하고 있는데 중년 남자 분이 내게로 다가오셨다. 그분은 "강의 잘 들었습니다" 하고 짤막한 인사를 하시면서 나에게 명함을 건네주셨다. 명함에는 상무라는 직함이 적혀 있었다. 그는 나에게도 명함을 줄 수 있냐고 물었다. 얼마 후 그는 내 명함에 적힌 전화번호를 통해 개인 상담을 받을 수 있는지 묻는 문자를 한 통 보내왔다. 상담 일정을 잡고 난 뒤 나는 예전에 받은 그분의 명함을 다시 꺼내 그의 이름을 인터넷 검색창에 입력했다. 해외 명문대를 졸업하고 외국계 유명 컨설팅 회사를 거쳐 대기업 임원이 된 분이었다. 업계의 오피니언 리더로도 활발히 활동 중이어서 인터뷰 기사도 어렵지 않게 찾아볼 수 있었다.

'이런 분이 무슨 고민이 있어서 나에게 상담 요청을 하셨을까? 아마 승진이나 성과에 대한 고민이겠지?'

이윽고 상담 날이 되었다. 상무님은 점잖게 상담실로 들어오셔서 자리에 앉으시며 말문을 떼셨다.

"그날 정 선생님 강의, 정말 잘 들었습니다. 제가 이런 건 처음이지만 한번 받아보고 싶어서 왔어요."

"네, 어떤 고민이 있으셔서 오셨어요?"

"혹시 제가 아닌 다른 사람에 대한 질문도 가능한가요?"

"네, 질문이 어떤 것인지에 따라서 다르긴 한데요. 어떤 거죠?"

자초지종을 들어보니 그분은 딸 때문에 고민이 많았다. 본인은 직장생활이 너무 바빠서 그간 딸의 생활이나 학업에 전혀 관심을 두지 못했다고 했다. 아내의 투자와 노력이 있었지만 딸은 성적이 좋지 못했다. 아빠는 딸이 고3이 되어 수능을 치르고 대학 입학을 본격적으로 준비할 무렵이 되어서야 관심을 갖게 되었다. 문제는 진로에 대해 구체적으로 대화를 나누려던 날 벌어졌다.

"너 무슨 대학을 간다는 거야?"

"아빠, 나는 카지노 딜러가 되고 싶어. 그래서 내가 생각해둔 전문대가 있는데…"

"뭐라고? 카지노 딜러? 전문대? 너 미쳤니? 제정신이야?"

자신의 반응에 상처를 입은 딸은 그 후로 자기 방에 들어가서 나오지 않는다고 했다. 어쩌다가 거실에서 마주치기라도 하면 쏜살같이 방으로 들어가서 문을 잠갔다. 윽박도 질러보고 회유도 해봤지만 이미 상처를 받아 닫힌 마음은 열리지 않았다. 그나마 요즘은 아내가 방문 앞에 만 원씩 두면 그 돈으로 PC방이든 어디든 밖에 다녀오는 것 같아서 다행이라고 했다.

"어디 가서 이런 고민은 말도 못하고, 집에 들어가면 애한테 미안하고 마음도 무겁고. 솔직히 사는 게 사는 것 같지가 않네요."

딸의 마음과 성향을 타로카드로 분석해보니 하고 싶은 것도 많고 성공에 대한 욕구도 높아 보였다. 아마도 딸은 잘난 아빠에게 자기도 잘하는 것이 있고 꿈도 있다는 사실을 보여주고 싶었을 것이다. 딸 입장에서는 자신에게 주어진 조건에서 카지노 딜러가 최선책이라고 생각했는데 이를 아빠에게 무시당한 상황이었다.

"따님은 공부로는 아빠에게 잘 보일 수 없으니 독특한 직업으로 잘 보이고 싶었던 것 같아요. 이미 대학 진학이 늦었다고 생각하는 지금은 그 생각이 더 커졌을 것 같아요."

나는 그분에게 새로운 제안을 드렸다. 일주일 후에 내가 진행하는 타로카드 수업에 따님을 초대할 테니 일정과 장소를 꼭 전달해달라고 했다. 사실 제안을 드려놓고도 수업 당일 과연 그분의 딸이 올지 반신반의했다. 그런데 수업 첫날부터 찾아온 것은 물론이고 수료하는 마지막 날까지 매번 늦지 않고 수업에 참석했다. 며칠 후 상무님에게 문자가 한 통 왔다.

'딸이 나한테 고맙다고 하네요. 이제 거실에도 잠깐잠깐 나오고 편의점에도 다녀오네요. 정 선생님 고맙습니다.'

국내 최고의 기업에서 수십 회에 걸쳐 수천 명의 직원을 대상으로 타로 토크쇼를 진행한 적이 있다. 많은 이들이 선망하는 직장에 들어가면 아무 걱정이 없을 것 같지만 이 행사를 진행하면서 나는 인간의 고민은 끝이 없다는 것을 느꼈다. 아무리 일적으로 성공하고 돈을 많이 벌어도 가족 문제로 속을 앓거나 구설수에 휘말리거나 인간관계가 틀어지면 참으로 고통스럽다.

특히 한 부분에서 월등한 모습을 보여주는 사람은 또 다른 부분에서 깊은 고민을 갖고 있다. 운을 영역별로 금전, 건강, 인간관계, 가족, 명예로 나눈다면 다섯 가지 영역의 총합은 100이다. 운의 총합은 100으로 동일하지만 개인마다 각 영역의 비율은 다르게 주어진다. 각 영역의 운을 담는 그릇의 크기도 다르다.

극단적인 예로, 금전운은 90인데 건강운은 10, 인간관계/가족/명예운은 0인 사람이 있다고 치자. 그리고 그가 가진 금전운의 최대 그릇이 1,000억 원이라고 하자. 그가 타고난 금전운 90을 채우면 900억의 부자가 된다. 그러나 그 후로는 병원 침대 위에서 혼자 쓸쓸히 여생을 보내게 될 것이다. 이런 사람이 현명하게 살려면 금전운 90을 건강/인간관계/가족운에 나눠야 한다. 돈을 덜 벌더라도 건강에 시간과 에너지를 투자하고, 자기 사람에게 베풀고, 가족을 꾸리고 챙기는 데 운을 배분해야 한다. 한쪽에 치우치는 것은 결코 좋지 않다. 만일 그가 자기의 금전운을 넘는 돈을 벌고 싶어서 건강운의 10을 가져다가 금전운에 투입해서 1,000억 원을 벌게 되었다면 건강운이 0이 되어 사망하게 될 수도 있다. 게다가 장례를 치러줄 사람도 슬퍼해줄 사람도 없다.

앞에서 이야기한 상무님을 예로 들어본다면, 그분은 빨리 임원이 되기 위해서 가족운을 끌어다가 금전운에 쓴 것으로 보인다. 그로 인해 딸과의 관계에 문제가 발생했던 것이다. 그분께서는 이제부터라도 금전운을 끌어다가 가족운을 더 쓴다면 균형이 맞

운의 균형 도표

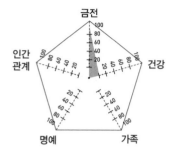

예시 1

돈은 많지만 혼자 쓸쓸히
병원에서 노후를 맞이하게 됨.
건강, 인간관계, 명예,가족의
균형이 무너진 상태.

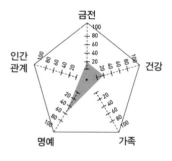

예시 2

높은 명예와 적당한 돈과 건강은 있으나
가족과 친구를 외면한 결과
고독한 인생을 살게 됨.
인간관계와 가족의 균형이 무너진 상태.

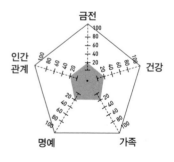

예시 3

적당한 돈, 건강, 인간관계, 가족, 명예를
유지하면서 사는 인생.
운의 균형 관점에서 이상적인 모습.

· 5개 운의 영역의 합은 100을 넘지 못함.
· 각 영역은 20이 적정 수준임.

을 것이다.

운명학을 공부하는 선생님들을 만나면 내가 꼭 물어보는 질문이 있다.

"인생을 살면서 가장 중요한 것 하나를 꼽으라면 뭐라고 하시겠어요?"

신기하게도 거의 모든 선생님들께서 하나같이 '균형'을 말씀하셨다. 내가 가질 수 있는 그릇에 비해 어떤 특정한 영역의 운이 너무 높아지면, 필시 다른 영역의 운의 흐름이 깨지게 된다. 이를테면 내 그릇 이상의 부와 명예를 얻게 되면 그 반대급부로 건강을 잃거나 사랑하는 가족 중 누군가를 잃을 수도 있다. 운의 총량은 늘 100으로 일정하게 보존됨을 기억하자. 내가 가진 100의 운을 한쪽으로 치우치지 않도록 잘 배분하며 살고 있는지를 늘 염두에 두고 살아가면 당신은 잘될 운명으로 갈 수 있다. 이것이 운의 알고리즘 첫 번째 법칙이다.

비교 불가의 법칙
– 운이 나빠도 행복할 수 있다

아버지의 예순다섯 살 생신 잔치를 친지들과 아버지의 친한 친구 분들을 모시고 치른 적이 있다. 잔칫날 아버지는 경사를 축하하러 온 손님들에게 아들, 딸, 외손녀 자랑을 하시면서 흐뭇해 하셨다. 그렇게 잔치를 잘 마치고 자리가 파할 무렵, 아버지의 부탁으로 아버지의 친구 분을 모셔다 드리게 되었다.

"회도야, 나도 칠순 때는 너희 아빠처럼 사람들을 불러서 식사 대접 한번 해야겠다."

"네, 아저씨. 그렇게 하세요. 아버지가 오늘 참 기뻐하시네요."

"그래. 칠순이면 결혼한 지도 40주년 되는 해니깐 나 정도면 잘 살았지. 남한테 폐 안 끼치고 가정 잘 지켰으니까."

"네. 요즘 이혼도 많이 하는데 부부가 40년을 같이 했다는 건

축하받을 일이죠."

그때만 해도 나는 결혼 전이어서 부모님과 함께 살았다. 집에 돌아와서 나는 궁금했던 점을 아버지께 여쭤봤다.

"아버지, 오늘 모셔다 드린 ○○ 아저씨요. 경제적으로도 힘드시고, 자식들 형편도 썩 넉넉하진 않다고 하신 적 있지 않으세요?"

"뭐, 그렇지. 사기당해서 벌어놓은 돈 많이 잃고, 당뇨 때문에 일찍 은퇴하고, 애들도 잘 안 풀렸지. 걔가 참 안됐어. 그건 왜 묻는 거냐?"

"아, 모셔다 드리는 길에 아저씨랑 이런저런 대화를 나눴는데, 이 정도면 잘 살았다고 말씀하시더라고요. 그래서 제가 잘못 알고 있는 건가 해서 한번 여쭤봤어요."

"걔가 원래 낙천적이야."

나는 그 순간 작은 깨달음을 얻었다.

'누구나 성공하지 못한다. 하지만 누구나 행복할 수 있다.
성공은 운이 필요하지만 행복은 내가 만들 수 있다.'

연령별로 많이 언급되는 불행의 이유들이 있다. 이를테면 이런 것들이다. '누구는 며느리가 겨울 코트를 사줬는데, 우리 아들은 아직 미혼이네', '누구 남편은 애들 데리고 한 달에 한 번씩 캠핑도 간다던데, 우리 남편은…', '누구는 다이어트에 성공했다더니 그새 동남아 고급 리조트에 놀러가서 사진 찍어서 SNS에 올렸네. 에휴, 나는 언제…' **불행의 근원은 대부분 남과의 비교에서 온다. 지구상에서 다른 존재와 비교하는 개체는 인간이 유일하다.**

비교는 불행의 시작이다. 비교를 통해서 내가 불행한 까닭을 계속 생각하면 운의 알고리즘은 그것과 관련된 운을 가져다준다. 주말에 소파 위에만 누워 있어서 미웠던 남편이 직장을 잃어서 더 미워질 수 있는 것이다. 비교에는 끝도 없다. 내가 아무리 위로 올라가봤자 그 위에 또 누군가 있다. 이름만 들어도 아는 대기업 총수가 사석에서 누군가에게 이런 질문을 받았다.

"회장님, 돈이 회장님처럼 많으면 어떻습니까?"

"자네가 나처럼 돈이 많으면 어떨 것 같은지 먼저 말해보게나."

"하고 싶은 건 거의 다 할 수 있으니 어깨에 딱 힘이 들어갈 것 같은데요."

"정반대일세. 해외에 나가 보니 나보다 훨씬 더 큰 부자들이 많더군. 오히려 겸손해지지."

상담을 오신 분 중에 아들이 장가만 가면 소원이 없겠다던 손님이 있었다. 몇 년이 지나 아들이 늦은 나이에 결혼을 했다. 그 손님은 소원을 성취했으니 행복했을까? 아니다. 비교 때문에 새로운 불행이 나타났다.

"다른 며느리들은 전화도 자주하고 때마다 챙긴다는데, 우리 며느리는 전화도 없고 챙길 줄도 몰라요. 우리 집안을 무시하는 걸까요?"

나도 남들과 비교를 많이 했었다. 대학생 때는 명문대 로고가 새겨진 점퍼만 봐도 부럽고 대단해 보였다. 타로상담과 기업 특강을 시작한 후에는 큰 무대에 오르거나 방송에 나오는 강사가 부러웠다. 그러다가 운이 좋아서 유명 TV 프로그램에 출연하고, 대기업 특강도 하게 되는 순간이 나에게도 왔다. 솔직히 고백하건대 그때 감사하는 마음보다는 나보다 더 잘된 사람들만 보였다. 아는 사람이 시청률 높은 강연 프로그램에 나가거나 출간한 책이 베스트셀러가 되면 부러운 동시에 나만 뒤처진 것 같아 불안했다.

그런 와중에 우연히 송이버섯을 채취하러 가게 되었다. 지인 중에 송이버섯을 관리하는 형님이 계신데 그분과 산을 타면서 이런저런 이야기를 나누게 되었다. 그 형님은 학창 시절 핸드볼 선수였는데 부상을 당하고 방황하던 시기에 사랑하는 사람을 만났지만 이내 크게 배신당했다. 그 후 은둔 생활을 하며 술에 의존해 하루하루를 살았다. 아들이 걱정되었던 형님의 어머니는 어느 날 형님을 철학관에 데려가서 상담을 받았다. 그 일을 계기로 형님은 운명에 관심을 갖게 되어 명리학을 공부하게 되었다. 이후 자신의 사주팔자를 이해하고 나니 자기가 겪은 시련과 고통을 자연스레 받아들이게 되었다고 했다.

"형님, 요즘은 어떤 일하면서 지내세요?"

"지금처럼 송이버섯 철에는 산 관리를 도와주고, 평소에는 배송 일을 해."

"어떤 배송이요?"

"매일 새벽 4시에 여기 농장에서 물건을 트럭에 싣고 속초 공장에 배송해. 갔다 오면 8시야. 남들 시작할 때 나는 일이 끝나."

"새벽에 힘들지 않으세요?"

"아니. 나는 원래 운전하는 걸 좋아하고 음악 듣는 것도 좋아해. 새벽에 움직여야 되니 자연스럽게 술도 끊게 됐고. 여기서 속초 가는 길이 잘 되어 있어. 좋아하는 일 하면서 건강도 챙기고 돈도 벌고, 최고지."

"그래요? 생활하는 데는 충분하세요?"

"내가 한 달에 170만 원 받거든. 그거면 충분해. 이렇게 송이버섯 철에 아르바이트도 하면 오히려 남지."

"8시부터는 그럼 뭐 하세요?"

"아침 먹고 한숨 자고 일어나서 운동하고, 드라마 다운받은 거 보고. 동네 일손이 부족할 때는 가서 도와드리고 그러지."

내 질문에 답하는 형님의 표정에서 덤덤함이 느껴졌다. 더 바라는 것 없이 무척 평온해 보였다. 마지막으로 중요한 질문을 하나 던졌다.

"형님은 지금 행복하세요?"

"행복은 모르겠는데, 지금이 좋다. 회도야, 이제 여기서부터는 발 가는 대로 돌아다니다가 송이버섯처럼 보이는 게 있으면 아까 가르쳐준 대로 살살 캐면 돼. 잘 캐봐."

나는 반나절이나 송이버섯을 찾았지만 결국 찾지 못 하고 형님에게 몇 개를 선물로 건네받았다. 이날 나는 그 형님으로부터 송이버섯만 받은 것이 아니라, 인생의 깨달음도 얻고 왔다. '행복은 모르겠는데, 지금이 좋다.' 이 말이 서울에 와서도 계속 귓가에 맴돌았다.

아버지 친구, 송이버섯 형님 두 분 다 자신의 삶을 남들과 비교하지 않았다. 그냥 지금 내가 좋은 것에 집중했다. 이런 사람에게는 다니는 길마다 행복이 눈에 띈다. 송이버섯 형님의 눈에만 귀한 송이버섯이 계속 눈에 띄는 것처럼 말이다.

이런 깨달음은 보통 일상에 바로 적용되지는 않는다. 군 제대를 하면 이후에 정말 열심히 살 것 같지만 막상 전역 후 한 달만 지나면 입대 전 일상으로 돌아가는 것과 비슷한 원리다. 하지만 일상에서의 깨달음은 사라지지 않고 내 영혼에 스며들면서 삶의 온도를 서서히 올려준다. 그러다가 임계점이 오면 삶의 변화가 생긴다. 나에게도 임계점을 넘기는 순간이 있었다. 바로 첫째 아이가 태어난 순간이었다. 첫아이가 태어난 뒤 나는 '아이만 건강하다면, 지금이 좋다'는 마음으로 살게 되었다. 다른 누구와 비교할 필요가 없어졌다. 그때부터 내가 새로운 사람들을 만나면 가장 많이 들었던 말이 있다.

"회도 씨는 정말 선하게 생겼어요. 평온해 보여요."

비교를 안 하게 되니 내가 가진 것에 감사하게 되었다. 누가 잘되었다고 하면 진심으로 축하해주고, 누가 힘들다고 하면 내가 도움을 줄 부분은 없는지 생각하게 되었다. 신기한 것은 내가 아등바등할 때보다 심적으로 여유를 가졌을 때 금전적으로나 일적으로나 훨씬 잘 풀렸다는 사실이다. 여유가 생기니 뒤로 물러서서 나에게 다가오는 운의 알고리즘을 살펴보고 대응하거나 기다릴 수 있었다.

어느 날 내가 사랑하는 네 살짜리 조카가 동요를 부르는데 그 가사를 듣고 울컥한 적이 있었다. 나중에 찾아보니 노래 제목은 '모두 다 꽃이야'였다.

산에 피어도 꽃이고 들에 피어도 꽃이고
길가에 피어도 꽃이고 모두 다 꽃이야.
아무데나 피어도 생긴 대로 피어도
이름 없이 피어도 모두 다 꽃이야.

나는 나로서 위대하고 아름다운 꽃이다. 내가 살고 있는 삶 그대로 가치 있고 아름다운 것이다. 비교만 하지 않아도 '지금이 좋다'는 것을 느낄 수 있다. 그 감정은 당신을 잘될 운명으로 안내할 것이다.

회귀 불가의 법칙
- 흐르는 물은 돌아오지 않는다

'같은 시냇물에 두 번 발을 담글 수 없다'라는 말이 있다. 한번 흘러간 시냇물은 되돌아오지 않기 때문이다. 지구게임의 모든 것은 흘러가는 시냇물과 같다. 뒤로 되돌릴 수는 없다. 오직 앞으로만 나아갈 뿐이다. 그래서 매 순간은 이번 생의 처음이자 마지막이다.

타로카드는 총 78장으로 22장의 메이저 타로카드와 56장의 마이너 타로카드로 구성되어 있다. 56장의 마이너 타로카드는 우리가 살면서 느끼는 감정들을 주로 다룬다. 기쁨, 즐거움, 실망 등 다양한 감정을 다루는데 그중 단연 많이 나오는 감정 키워드가 있다. 바로 미련이다.

'그때 내가 그 아파트를 샀더라면.'

'공부를 조금만 더 했더라면.'

'어머니가 살아계실 때 더 잘 해드렸더라면.'

누구나 각자의 미련을 갖고 산다. 그리고 하나의 미련이 흐릿해질 때쯤 새로운 미련이 생겨나기 마련이다. 우리는 지구게임에서 미래로만 갈 수 있고, 과거로는 돌아갈 수 없게 세팅되어 있기 때문이다.

나도 참 미련이 많은 사람이다. 30대 초반까지는 인생의 중요한 순간마다 이상하리만치 꼭 한 끗 차이로 원하는 대로 결과가 나오지 않았다. 나는 스스로에 대해서는 가혹한 성향이어서 놓쳐버린 기회에 대한 자책이 문득 내 안으로 치고 들어올 때가 있다. 그럴 때마다 '앞으로 미련 남길 일은 만들지 말아야지' 하고 결심하지만, 게으름이 미련을 만들어낸다.

나는 첫째 아이를 애칭으로 '궁뎅이'라고 부른다. 궁뎅이가 세상에 온 지 1년쯤 되었을 무렵 내가 틈틈이 아이의 성장 과정을 올려놓은 비공개 SNS를 다시 보게 되었다. 그때 문득 '아이가 언제 이렇게 컸지?' 싶었다. 아이와 함께 하는 시간은 다시 돌아오지 않겠구나 하는 생각도 들었다. 내일 만나는 아이는 오늘의 아이와 같지 않다.

나는 궁뎅이를 주로 업어서 재웠다. 아이가 잠이 안 들면 등에 업고 2시간이 넘도록 밖을 돌아다니기가 예사였다. 날이 추워서 밖에 나가기가 어려워지면 궁여지책으로 아파트 계단을 오르락내리락하거나 지하주차장을 돌아다니기도 했다. 어느 시기에는 꼭 새벽 2, 3시에 일어나서 한두 시간을 그렇게 돌아다녀야만 아이가 다시 잠들곤 했다. 아이를 재우느라 내가 잠을 제대로 못 자게 되니 아이한테 짜증을 내기도 했다.

"궁뎅이! 언제쯤 업히지 않고 잘래?"

그렇게 1년여가 지나니 변화가 찾아왔다. 아이가 24개월이 되기 며칠 전부터 업는 것을 거부하기 시작했다. 그때 직감했다. '이제 아빠가 너를 업어 재우지 않아도 되겠구나.' 늘 기다렸던 일이었는데 이상하게도 반가움보다 울컥한 감정이 올라왔다. '내가 너를 업어서 재우는 일은 이번 생에는 더 이상 없겠구나.'

나는 아이의 두 번째 생일이 되기 하루 전날 저녁, 아이를 업고 셀카봉을 들고 밖으로 나갔다. 그리고 우리가 함께 돌아다닌 아파트 계단, 지하주차장, 놀이터 등을 다니면서 영상 편지를 찍었다. 어찌나 눈물이 나던지 이 글을 쓰고 있는 지금도 그때를 생각하면 감정이 북받쳐 오른다. 아내는 내가 찍은 영상을 보고 이렇게 말했다.

"누가 보면 내일 중동으로 일하러 떠나는 아빠인 줄 알겠네."

내 직감대로 아이는 바로 다음 날부터 업히지 않고서도 잠을 잤다. 이제 다시 할 수 없다고 생각하니 매일 밤마다 함께 했던 그 시간들이 더 소중해졌다. 그리고 영상을 찍어놓기를 잘했다는 생각이 들었다. 그런 일을 경험한 뒤로 최소한 아이와 함께 하는 시간만큼은 미련을 남기지 않기로 했다. 혹여나 노력에도 불구하고 아쉬운 일이 생기면 들국화의 노래 가사처럼 '지나간 것은 지나간 대로 그런 의미가 있'다고 생각하고 흘려보내야 한다.

지인을 통해서 소개받은 손님이 있었다. 이 손님은 타로상담을 예약하고 두 번 연속으로 약속을 지키지 않았다. 나는 한 번까지는 '사정이 있겠지'라고 이해하지만, 두 번 연속으로 약속이 지켜지지 않은 건에 대해서는 인연이 아니라고 생각해서 그 손님의 예약은 다시는 받지 않는다. 그런 사실을 잘 알고 있던 지인은 정말 미안하지만, 이번에는 꼭 간다고 하니 다시 예약을 잡아줄 것을 간곡히 부탁했다. 세 번째 예약 끝에 만나기는 했으나 그 손님은 그날 약속된 상담 시간보다 15분 늦게 상담실을 찾아왔다. 30대 후반의 여성이었다.

"선생님, 정말 죄송해요. 제가 일이 많다 보니 이렇게 폐를 끼쳤네요. 그런데 제가 15분 후에는 나가봐야 해서 그러는데요, 급한 거 하나만 물을게요. 지금 미국에서 일하자는 제안이 들어왔는데 나가면 어떻게 될까요?"

이 손님은 글로벌 회사들이 앞다투어 스카우트 해가려고 하는 인재였다. 시간이 10여 분밖에 남지 않아서 나는 핵심만 간략하게 말하고 상담을 정리했다.

"아, 그런데요. 선생님, 제가 결혼도 해야 되는데… 언제쯤 할 수 있는지 그것까지만 잠깐 볼 수 있나요?"

"그건 시간이 좀 필요한데, 이제 가셔야 될 시간 아니세요?"

"네, 그럼 언제 시간이 다시 되실까요?"

"나중에 여유 생기실 때 다시 연락주세요. 당분간은 예약을 잡아도 손님을 뵙기 힘들 것 같아요."

짧은 상담을 마치고 그녀는 허겁지겁 쫓기듯이 상담소를 나갔다. 무엇을 위해 이렇게 바쁘게 사느냐고 마지막으로 물었을 때 그녀는 아시아 지사장이 되는 게 목표라고 했다. 나는 그녀가 원하는 목표에 충분히 오를 수 있을 것이라고 생각한다. 하지만 그녀가 그 기간 동안 행복할지, 그리고 지사장이 된 후에도 정말 행복할지는 모르겠다. 미래를 위해 현재의 행복을 희생시키는 것은 현명한 선택이 아니다.

내가 박사 논문을 쓸 때 논문을 지도해주던 친한 선배 형과의 일이다. 점심을 같이 먹고 커피 한 잔씩 손에 들고 단풍이 거의 떨어진 초겨울의 캠퍼스를 거닐었다. 당시 나는 몇 년을 쉬다가 연구실에서 박사 논문을 쓰는 것이 너무 힘에 부쳤다. 내가 왜 이러고 있나 하는 생각이 가득했다. 그런데 일주일에 정해진 날만 몇 번 나오는 나와 달리 매일 연구실에 있는 형은 얼마나 힘들까 싶은 생각이 들었다. 형은 당시에 전임교수였는데, 정년교수를 준비하고 있었다.

"형은 정년교수가 되면 행복할 것 같아요?"

"행복하겠지."

당연한 대답이었다. 그런데 이어지는 대답이 인상적이었다.

"그런데 안 된다고 해도 불행할 것 같진 않아. 정년교수를 준비하는 과정도 불행하지 않고. 그래서 이 길에 들어선 거야."

많은 사람들은 '지사장이 되면 행복할거야', '합격을 하면 행복할거야', '건물주가 되면 행복할거야'라고 생각한다. 나 또한 그랬다. 목표를 성취하면 행복해질 것이고, 그 과정 중에 겪는 인내와 희생은 당연하다고 생각했다. 그래서 지금 당장은 불행하고 힘들어도 참고 견디던 시절도 있었다. 그 후 어느 정도 성취도 있었다. 하지만 성취했을 때의 나는 과거의 나와 달라서 생각했던 것만큼 행복하지는 않았다.

어느 날, 버스를 탔는데 휴대폰으로 통화를 하며 크게 말하는 다른 승객의 목소리가 들렸다.

"어머니, 아버지. 제가 일이 바빠서 이번엔 못 가요. 대신 제가 돈 많이 벌어서 나중에 두 분 크루즈 여행 보내드릴게요."

고향에 내려가지 못해 미안한 마음에 건네는 자식의 말이었다. 그러나 그가 나중에 정말 돈을 많이 벌었을 무렵엔 크루즈 여행을 보내드릴 부모님이 안 계실 수도 있다. '풍수지탄風樹之嘆'은 이런 상황을 일컫는 사자성어다. 만일 그때 그 승객의 지갑에 3만 원이 있었다면 그 돈으로 우선 고향에 내려가서 부모님이 좋아하시는 냉면을 한 그릇 사드리는 게 더 큰 효도가 아닐까? 그러고 나서 나중에 크루즈 여행도 보내드리면 된다.

우리가 살아가면서 투입할 수 있는 운이 100이라면 과거에는 0, 현재와 미래에는 각각 50씩, 운의 알고리즘이 움직일 수 있도록 세팅하는 것이 최선이다. 과거를 후회하지 않고 현재도 행복하고 미래도 행복해야 잘될 운명이라고 할 수 있다.

임계점의 법칙
– 안될 운명에도 임계점이 있다

물은 99도에서는 끓지 않다가 100도가 되면 그때부터 끓기 시작하여 수증기가 된다. 이처럼 액체가 기체로 성질 변화를 일으키는 온도를 끓는점이라고 한다. 과학에서는 끓는점처럼 물질의 구조와 성질이 다른 상태로 바뀔 때의 온도와 압력을 임계점이라고 부른다. 나는 이 책에서 임계점을 우리의 마음가짐이 좋은 방향으로든 나쁜 방향으로든 질적으로 변화하는 기점을 지칭하는 의미로 쓰고자 한다. 운의 알고리즘도 임계점이 되어야만 피부로 느낄 수 있게 다가온다. 예민한 사람이라면 그 전에 징조를 알 수 있다. 나는 임계점이 오기 전에 징조를 보고 미래를 예측하는 일을 한다. 그 덕분에 운이 좋은 사람과 나쁜 사람들이 임계점으로 가는 과정과 도달하는 순간을 지켜봐왔다. 그 이야기를 한번 해보려고 한다.

자타공인 최고의 예능인으로 활동하고 있는 개그우먼 손님의 이야기다. 내가 그녀를 처음 상담한 것은 2010년이었다. 지금만큼의 유명세는 아니지만 당시에도 길을 걸으면 사람들이 그녀를 알아볼 정도의 인지도가 있었다. 그럼에도 불구하고 그녀는 과하다 싶을 정도로 겸손하게 자신을 낮추었다. 시청자들을 웃길 수만 있다면 어떤 궂은 역할도 하겠다는 열정도 있었다. 여기에 타고난 재능과 끼도 이미 검증된 상태였다.

'이 사람 정도라면 톱스타도 될 수 있겠다.'

그날 상담을 하며 그녀의 태도를 인상적으로 본 나는 그녀의 팬이 되었다. 고맙게도 내 상담소를 꾸준히 찾아준 덕에 나는 그녀가 대학로 공연장에서부터 한 계단 한 계단 올라 최고의 자리까지 오르는 과정을 가까이에서 지켜볼 수 있었다. 마치 물이 0도에서 1도씩 차근차근 끓어서 100도가 되는 과정과 비슷했다. 그녀가 스타의 반열에 오른 후에도 상담을 할 기회가 있었는데 10년 전의 겸손과 열정이 그대로 남아 있었다. 지치지도 않고 자만하지도 않기에 앞으로도 그녀는 그 자리에 오래 있을 것이다.

잘될 운명에는 두 가지의 측면이 있다. 첫째는 잘될 운명의 순간까지 도달하는 것이고, 둘째는 잘될 운명을 유지하는 것이다. 운의 알고리즘을 잘 타면 내가 가진 것에 비해 잘될 운명에 더 빨리 도달할 수도 있다. 하지만 그것을 유지해 나가는 것은 다른 문제다. 운의 알고리즘이 나에게 불리하게 작용하는 순간이 오기 때문이다.

나는 젊은 나이에 성공한 사람들을 많이 보았다. 연예인, 벤처사업가, 운동선수 등 동경의 대상이 되는 사람들이다. 내가 만난 그들은 누구보다 절박했고 지금의 자리를 유지해야 한다는 부담감이 엄청났다. 초년 성공이 인생의 위기가 될 수 있다는 말은 그 성공을 유지하기가 어렵기 때문에 나온 말이다. 이는 복싱 챔피언이 새롭게 등장하는 강한 도전자들을 상대로 타이틀 방어전을 하는 것과 같다. 그래서 100도가 아닌 99도를 유지해야 한다. 물이 100도가 넘은 상태가 계속 유지되면 모두 수증기로 증발해버린다.

　잘될 운명을 오래 유지하려면 계속 정상의 자리에 있기보다 그 자리에서 내려올 때도 있어야 한다. 그럴 때 내려놓아야 하는 것들이 생긴다. 그렇기 때문에 올라가는 것보다 유지하는 것이 더 힘든 일이다. '박수칠 때 떠나라'는 말은 현명한 판단이다.

　'나는 능력도 있고 최선을 다하면서 사는데 왜 빛을 못보고 있지?'라고 생각한다면 두 가지 측면으로 이해할 수 있다. 우선 아직 임계점에 도달하지 않은 상태인 것이다. 지금 당장은 끓는점을 느끼지 못하고 있지만 서서히 온도가 올라가고 있는 중이므로 빨리 빛을 보고 싶다면 지금보다 더 노력하면 된다. '최선'이라는 것은 어디까지나 내 기준일 뿐이며 다른 사람은 나보다 훨씬 더 노력하고 있을지도 모른다. 두 번째로는 내가 설정한 목표가 내 그릇에 비해 너무 높은 것은 아닌지 생각해보아야 한다. 최대 10억 부자가 될 운명인 사람이 100억 부자가 되고자 한다면 그것을 이루기란 쉽지 않을 터이고, 운 총량의 법칙에 따라 금전 영역이외의 다른 영역이 희생되어야 한다. 돈이 많고 명예가 높다고 해서 반드시 잘될 운명으로 가는 것이 아니라는 사실을 알고, 적당한 목표의 임계점을 목표치로 잡는 것이 현명하다.

여기까지는 우리가 흔히 알고 있는 성공하는 법에 대한 이야기와 비슷한 맥락이다. 이제 그 반대편의 이야기도 하려고 한다. 안될 운명도 임계점이 있다는 이야기다.

내가 아는 한 대표님은 배포가 크고 인심이 후해서 직원들은 물론이고 주변 사람들에게도 많이 베푸는 스타일이다. 그 대표님이 1년간 함께 한 수행비서가 있었는데 기분이 좋아서 보너스나 선물을 주려고 하는 날마다 출근을 늦게 하거나 사고를 쳤다. 도저히 일하는 게 마음에 들지 않아 대표님은 고민 끝에 그를 내보내기로 했다. 좋지 않은 이유로 내보내는 것이긴 하지만 천성이 관대했던 대표님은 그 비서가 경제적으로 궁핍하단 사실을 알았기에 퇴직금과 별도로 6개월치 월급에 해당하는 위로금을 개인 계좌에서 현금으로 뽑아 봉투에 넣어 준비했다.

그런데 근무 마지막 날 점심을 먹고 나자 수행비서가 "대표님, 저 오늘 마지막 날인 거 아시죠? 그럼 저는 이만 가보겠습니다" 하며 주섬주섬 짐을 쌌다. 원래는 6시가 퇴근 시간인데 어차피 마지막 날이니 자기 마음대로 일찍 퇴근하겠다고 통보한 것이다. 상황이 이렇게 되자 대표님은 위로금을 줄 마음이 사라졌다. 그래서 "그래, 그동안 고마웠네. 부디 잘 살게나" 하고 작별 인사를 하고는 그를 빈손으로 보냈다. 이토록 완벽하게 자신에게 다가오는 운을 계속 밀어내기도 쉽지 않다.

사실 나는 상담을 하면서 잘될 운명보다는 안될 운명의 손님을 더 많이 보았다. 나에게 상담을 올 때는 보통 행복해서 오는 경우보다 힘들어서 오는 경우가 많기 때문이다. 다음은 기억에 남는, 안될 운명으로 가고 있었던 손님의 이야기다. 트레이닝복에 맞춰 운동화를 신고 30대 후반의 남자 손님이 한 분 찾아왔는데 그는 말하는 것이 거침없었다.

"선생님, 제가 지금 빚이 좀 많아요. 제2금융권이랑 사채까지 해서 3억 정도 되거든요. 그래서 이번에 사업을 하나 해서 만회하려고 하는데 제가 어떤 사업을 하면 좋겠습니까?"

"타로카드는 머릿속에 이미지를 그릴 수 있는 질문이어야 상담이 가능해요. 이를테면 커피숍을 하실 건데 어떻게 될지 물어보시면 볼 수 있어요. 하지만 '어떤 사업이 좋을까?'라는 질문은 이미지화가 애초에 안 되기 때문에 제가 답을 드리기가 어려워요."

"그러면 다른 거 물어볼게요. 지금 제가 만나는 여자 친구가 있는데 그건 볼 수 있죠?"

두 사람의 관계를 타로카드로 살펴보니, 둘의 관계는 끝난 것으로 보였다.

"지금 여자 친구 분과 관계가 좋지 않은 것으로 나오는데, 괜찮나요?"

"그게 여기에 나와요? 어떻게 그렇게 나오나요? 이거 참 신기하네."

이야기를 들어보니 그는 여자 친구와 결별한 지 2달 정도 지난 상태로, 여자 친구에게 3천만 원을 빌려주고 돌려받지 못한 상황이라고 했다.

이윽고 남자는 자신이 살아온 이야기를 해주기 시작했다. 고등학교 시절 친구를 때렸다가 소년원에 다녀온 이야기부터 시작되었다. 20대 초반에는 헤어진 여자 친구를 협박해서 스토킹 혐의로 구치소에 다녀왔다고 했다. 출소 후에는 중고차 중개인으로 돈을 벌기도 했지만 아는 형에게 보증을 잘못 서서 전 재산을 날렸고, 친구의 결혼식 웨딩 카 운전을 해주다 사고를 낸 적도, 음주 후 폭행으로 합의금을 내야 하는 상황에 처한 적도 있다고 했다. 그는 정말 구구절절한 이야기를 짧은 시간 동안 나에게 전부 쏟아냈다.

잘될 운명도 내가 만드는 것이지만 안될 운명도 결국 내가 만든다. 그런데 대부분 안될 운명으로 가는 사람들은 자기가 어디로 가고 있는지, 무엇을 잘못하고 있는지 모른다. 냄비 속 개구리 일화를 다들 알 것이다. 개구리를 적당한 온도의 물이 담긴 냄비에 넣은 뒤, 냄비를 불 위에 올려두고 서서히 온도를 높이면 힘이 서서히 빠지면서 개구리가 냄비 속에서 결국 빠져나오지 못하고 죽는다는 이야기 말이다. **불행과 역경이 익숙해지면 행복과 편안함이 낯설어진다. 잘될 운명은 유지하는 게 어렵지만, 안될 운명은 빠져나오는 게 어렵다.**

이 남자의 경우는 안될 운명의 임계점에 거의 다다른 상태였다. 임계점이 되면 그는 이제 교도소에 수감되거나 빚과 협박에 시달리며 살아야 한다. 냄비 속 개구리가 되어 가는데 본인만 그 것을 모르고 있는 것 같았다.

내가 잘될 운명의 임계점으로 가고 있다면 지금의 노력이 당장 보이지 않을 뿐 결코 헛된 것은 아니다. 단, 단기적으로 임계점까 지 가지 못한다면 그간의 노력이 헛되었다고 판단할 수도 있다. 하지만 멀리 보면 그것마저도 더 큰 잘될 운명으로 가는 과정이 라는 것을 나중에서야 알게 된다.

내가 안될 운명으로 가는 것도 이와 마찬가지의 흐름이다. 지 금 당장은 괜찮다고 생각하지만 임계점이 오면 반드시 대가를 치 러야 한다. 특히 악행을 저질렀다면 우주의 법칙은 이를 결코 그 냥 넘어가지 않는다. 《법구경》에 이런 문구가 있다.

악의 열매가 맺기까지는 악한 자도 행복의 맛을 볼 수 있다.
그러나 악행의 열매가 익게 되면 악한 자는
반드시 불행을 피할 수 없다.
선의 열매가 맺기까지는 선한 자도 불행을 맛볼 수 있다.
그러나 선행의 열매가 맺었을 때
선한 자는 반드시 지고한 행복을 맛본다.

임계점의 법칙을 이해했다면 당신은 잘될 운명으로 가는 시작 과 끝을 예측할 수 있다.

습의 법칙
– 습의 늪에 빠지지 마라

운명학에서는 '습習'이라는 단어를 많이 쓴다. 일상생활에서는 '습관'이라는 단어를 주로 쓰는데 운명학에서는 습관보다 더 깊숙이 뿌리내려진 것을 가리킨다. 같은 맥락에서 '전생의 습'이라는 말도 하는데 내 영혼에 익숙하게 각인되어서 현생에서도 그 상태로 자꾸 회귀하려는 것을 말한다. '관성'이라는 단어를 생각하면 이해가 빠를 것이다.

물론 좋은 습도 있지만 여기서는 부정적인 에너지로 가게 하는 '습'만을 말해보겠다. 단순한 예를 들어, 전생에 가난한 삶을 살았던 사람이 현생에 부모로부터 큰 재산을 물려받았다고 치자. 그 사람은 전생의 습 때문에 부자인 상태가 어색하고 가난이 익숙하다. 그래서 익숙한 가난한 상태로 돌아가기 위해서 재산을 탕진

해버린다.

　도박 중독인 아버지를 보면서 나는 죽어도 도박을 안 해야지 다짐했던 사람이 아버지와 같은 도박 중독의 길을 걷는 경우도 흔히 보게 된다. 가랑비에 옷 젖듯이 도박의 습이 영혼에 스며든 것이다. 습이란 이렇게 무서운 것이어서 본인이 어떤 습이 있는지 우선 냉정하게 알아야 한다. 자신의 습을 인지했다면 이후에 그쪽으로는 눈도 돌리지 말아야 한다. 만일 습에 의해서 늪에 빠지게 되었다면 다리를 자르고라도 나온다는 단호한 결의가 필요하다.

　하루는 멋진 옷, 시계, 가방 등을 착장한 40대 초반의 성공한 사업가 남자 손님이 나를 찾아왔다.

　"선생님, 제가 지금 소송이 하나 걸려 있는데, 그게 어떻게 될지 궁금해서 소개받고 왔어요."

　타로카드를 뽑아보니 심장에 칼이 꽂힌 그림의 3번 칼 카드와 하늘에서 번개가 쳐서 탑이 깨지는 그림의 타워 카드가 동시에 나왔다. 내 데이터에 따르면 이 두 장의 조합은 예상치 못한 변동이나 배신에 의해서 위기에 봉착할 때 나오는 조합이다. 이야기를 들어보니 부사장을 중심으로 직원들이 뭉쳐서 대표인 남자를 횡령 및 배임 혐의로 고소한 것이다. 그야말로 배신이었다. 마침 이 손님 뒤에 상담 일정이 없었고, 손님도 억울한 마음에 하소연을 하고 싶어 하는 것 같아서 약속한 상담 시간보다 이야기를 길게 나누게 되었다.

　이야기를 들어보니 이 손님은 배신당한 경험이 이번이 처음이 아니었다. 이전에도 창업을 해서 성공을 거뒀는데 동업자와 창업 멤버들이 뭉쳐서 자신은 한 푼도 남기지 못한 경험이 있었다. 그때의 억울함과 분노를 발판으로 절치부심해서 지금의 회사를 다시 만들었는데 또 비슷한 일을 겪게 된 것이다. 그는 냉철한 사람이었기 때문에 두 번이나 이런 일이 벌어졌다는 것은 자신에게 문제가 있는 것이라고 판단했다. 과연 어떤 운의 알고리즘이 이사람을 이런 상황으로 몰아갔던 걸까?

남자는 초등학교 때 아버지가 바람을 펴서 부모님이 이혼하시고 어머니 손에 자랐다. 아버지에 대한 원망과 어머니에 대한 연민은 그의 삶의 원동력이 되었다. 덕분에 좋은 대학을 갔고 사회적으로도 빨리 자리를 잡았다. 그 후 결혼을 하고 자녀도 생겼는데 아내가 바람을 펴서 이혼을 하게 되었다. 상담 당시에는 재혼을 한 상태였다.

이 남자는 버림 또는 배신당하는 것에 대한 습이 있었다. 그리고 그로 인해 생기는 분노와 배신감을 열정이라는 에너지로 변환해서 사회적인 성공을 이뤄내는 패턴으로 살아왔다. 그러나 그성공은 결국엔 또다시 배신을 불러온다. 성공과 배신의 반복인 것이다. 나는 그에게 이런 이야기를 솔직하게 해주었고 남자는 맞는 것 같다면서 자신의 습을 수긍하고 앞으로 주의해야겠다고 말했다.

상담이 끝나고 그날 저녁 남자 손님에게 문자가 왔다. 자신의 상담 이야기를 들은 아내가 본인도 타로상담 예약을 하고 싶다고 했다. 그러나 일정이 계속 안 맞아서 상담이 이루어지지 않다가 두 달이 지나서야 상담을 하게 되었다.

남자 손님의 아내는 상담소 문을 열고 들어올 때부터 뭔가 불안해 보였다. 쫓기는 것 같은 느낌마저 들었다. 그녀는 자리에 앉자마자 이것부터 물었다.

"선생님, 오늘 상담한 내용은 저희 남편한테는 비밀로 해주시는 거죠?"

그녀의 고민은 이혼에 대한 것이었다. 남편이 자신을 새장 속의 새처럼 가둬두려 한다고 했다. 상담이 30분 정도 이어지고 나자 갑자기 여자의 휴대폰이 울리기 시작했다.

"남편이 아래서 기다리고 있어요. 30분이 지나니 전화하는 거예요. 오늘 상담 내용은 꼭 비밀로 해주세요."

그리고 그날 저녁, 남자에게 전화가 왔다.

"선생님, 아까 제 아내가 상담 다녀갔죠? 무슨 이야기를 하던가요?"

"상담한 내용에 대해서는 말씀드릴 수 없습니다. 죄송합니다."

"아… 선생님 반응을 보니 무슨 내용인지 알겠네요. 혹시 딴 남자가 있던가요? 맞죠?"

여기서 답변을 안 해주면 남자는 자기가 믿고 싶은 대로 믿고 전화를 끊을 것 같았다.

"그건 아니었고요. 자녀들 유치원하고 초등학교 진학 관련해서 물어보고 가셨어요."

"아… 그래요? 어쨌든 알겠습니다."

남자에게는 사람을 떠나게 만드는 습이 있었다. 의심과 집착으로 사람이 곁에 있을 수 없게 만들었던 것이다. 첫 번째 아내가 바람을 피운 것은 안타깝지만 아마도 남자가 원인 제공을 했을 거라 추측되었다. 남자가 사람을 대하는 습은 한마디로 표현하면 이렇다.

'이래도 나를 안 버려? 네가 얼마나 버티나 한번 보자.'

그러고 나서 주변 사람들이 떠나게 되면 '역시 배신할 줄 알았어'라고 결론짓는다. 이 상황이 익숙하고 편한 그는 이렇게 아내나 동료들이 버티지 못하고 자신을 떠나게끔 무의식적으로 상황을 만들었을 것이다. 자신에게 사람이 자꾸 떠나게 만드는 습이 있음을 알아차렸다면 가까이에 사람을 두지 않는 것이 좋다. 인연을 맺더라도 상대가 언제 떠나도 괜찮을 정도의 안전거리와 장치를 두고 함께 해야 한다. 외로울 수는 있겠지만 배신당하는 것보다는 그 편이 낫다.

습은 식습관, 생활 패턴, 인간관계 패턴 등 우리 인생에서 여러 가지 측면으로 존재한다. 우리는 자신을 되돌아보면서 나에게 어떤 습이 있는지 냉정하게 판단해야 한다. 판단이 서지 않으면 가장 가까운 세 명의 사람에게 물어보자. 공통적으로 지적하는 면이 있을 가능성이 크다. 그게 나의 습이다. 나의 습을 인지했다면 그 습을 좋은 방향으로 고치려고 노력해보자.

습은 늪과 같은 개념이다. 발을 넣었다가 빼려면 힘들다. 애초에 근처에 가지 않는 것이 상책이다. 그리고 우리 인생에는 들판, 꽃밭, 바다처럼 좋은 곳들이 더 많다. 그런데 운의 알고리즘은 자꾸 그 늪으로 우리를 끌어당긴다. 불교에서는 이를 카르마, 한자로는 업 또는 업보라고도 말한다. 업보가 삶에 악영향을 미칠 때는 주로 내 성격에 기인한 경우가 많다. 카르마의 대가를 치르며 깨달음을 얻는 방법도 있지만, 사랑과 나눔을 통해서 카르마를 소멸시킬 수도 있다. 심리상담, 수행, 공부를 통해 인위적으로 습의 법칙을 역행할 수도 있다. 그래야 잘될 운명으로 쉽고 빠르게 갈 수 있다.

상극 회피의 법칙
– 상극은 무조건 피해야 한다

내가 하는 일은 사람의 과거, 현재, 미래를 맞추는 것이다. 미래는 맞는지 바로 확인할 수 없지만, 과거와 현재는 바로 그 자리에서 확인이 가능하다. 내가 하는 첫마디에 상담을 받으러 온 대부분의 손님들이 '맞아요', '소름돋아요', '대박!'이라고 말하며 놀라워한다. 그렇지만 매번 그런 것은 아니다. 가끔 '아닌데요', '제가요?'라는 반응을 보이는 손님도 있다.

한번은 40대 초반의 남자 손님이 찾아왔다. 사업을 하는데 앞으로 어떻게 될지 물어보러 왔다. 우리는 타로카드를 서로 집중해서 뽑아보았는데, 그간의 내 경험상 보통 때보다 카드의 의미가 더 읽기 쉽게 잘 나왔다.

"손님이 하는 사업은 돈을 목적으로 하는 사업이 아닌 것 같아요. 사회복지 혹은 비영리단체 분야의 사업 같은데요. 운영은 해야 하는데 돈이 부족해서 근심을 하시는 일이 자주 있으실 것 같은데요."

손님은 내 말을 듣더니 "음…" 하는 소리와 함께 5초 정도 아무 말도 없다가 입을 뗐다.

"저기 선생님… 좀 이상하네요. 지금 제가 하는 일이랑은 전혀 관계없는 말씀을 하셨는데요. 저는 해외에서 여성 속옷 수입하는 일을 하고 지금 물건이 없어서 못 팔만큼 잘되는 중이에요."

내가 만일 상담 경험이 부족할 때였다면 이 상황을 어떻게든 모면하려고 했었을 것이다. 그런데 경험치가 쌓이면서 사람 사이에는 상극이라는 것이 있음을 알게 되었다. 라디오를 떠올려보면 이해하기 쉬울 것이다. 특정 채널과 주파수가 맞으면 아름다운 음악이 흐르지만, 주파수가 맞지 않을 때는 윙윙대는 소음만 난다. 사람과 사람 사이에도 이렇게 주파수가 맞지 않거나 충돌하는 경우가 있다.

앞의 타로상담의 경우를 말하자면 타로카드를 봐주는 이와 보러 온 사람 사이의 에너지가 상극이어서 타로카드에 이상한 파동이 투영되어 간섭을 일으켜 사실과 다른 것을 보게 되는 것이다. 이것은 내가 실력이 부족해서도, 손님이 뭘 감춰서도 아니다. 그와 내가 물과 기름처럼 단지 안 섞이는 관계일 뿐이다.

"손님, 정말 죄송해요. 제가 1년에 한두 번 정도 이렇게 안 맞을 때가 있어요. 이럴 때는 카드를 계속 뽑아도 안 맞더라고요. 어렵게 와주셨는데 정말 죄송합니다."

상극인 손님을 만났을 때 내가 할 수 있는 최선은 이렇게 인정하고 양해를 구하는 것이라고 생각한다.

"아… 1년에 한두 번 생기는 상황이 하필 저인 게 아쉽네요. 소개해준 분은 정 선생님께 몇 년을 계속 상담받는다고 하던데… 어쩔 수 없죠."

이렇게 한번 크게 어긋난 상담을 하고 집에 오는 날은 거의 기절할 만큼 지친 상태로 쓰러진다. 그 여파가 2~3일은 갈 정도다. 신기한 것은 상극인 사람은 만나러 갈 때마다 무슨 일이 생긴다. 크게는 가는 길에 자동차 접촉 사고가 날 때도 있고, 작게는 휴대폰을 놓고 와서 기껏 외출했다가도 다시 집까지 갔다 와야 할 때도 있다. 그리고 만나서 이야기를 나누면 집중도 안 되고 머리가 아프다. 헤어지고 나면 기분이 무겁고 찜찜하다. 그 사람은 나에게 잘못하거나 실수한 것이 하나도 없는데도 그렇다면 이것이 상극인 관계다.

상극을 만나면 운의 알고리즘이 방향을 갑자기 잃게 된다. 한쪽만 방향을 잃을지 둘 다 방향을 잃을지는 상황에 따라 다르다. 자전거와 트럭이 부딪치면 자전거만 크게 다치고, 트럭과 트럭이 부딪치면 둘 다 크게 다치는 것과 비슷하다. 상극과 같이 일하거나 살게 된다면 어떤 일이 벌어질까? 세 가지의 경우의 수가 있다.

첫째, 서로 안될 운명으로 간다.

둘째, 한쪽은 안될 운명으로 가고, 다른 쪽 운의 알고리즘에는 영향을 못 미친다.

셋째, 한쪽은 안될 운명으로 가고, 다른 쪽은 잘될 운명으로 간다.

앞의 두 경우는 그나마 괜찮은 상황이다. 왜냐하면 둘 다 피차 이득이 될 것이 없으니 자연히 멀어지게 되어 있기 때문이다. 단, 가족이거나 사랑하는 사이가 아니라는 가정 하에 말이다.

문제는 마지막 경우다. **상대가 내가 안될 운명으로 가게 만드는 상극이라 내 쪽에서는 피하려고 하는데, 그는 나를 만나야 잘될 운명으로 가니 계속 내 곁에 있으려고 한다. 이 경우는 상극 중에서도 천적 구조라고 할 수 있다. 운의 알고리즘에서 천적은 만나면 무조건 한쪽이 마이너스로 가는 관계를 말한다.** 지금 상극에 대한 글을 읽으면서 다들 머릿속에 떠오르는 사람이 한 명쯤은 있을 것이다. 만날 때마다 기분이 상하거나 금전적인 손해를 보는 탓에 다시는 안 봐야지 하면서 또 만나게 되는 관계. 그와 지금까지 관계를 이어가고 있다면 상대방이 나에게 일부러 피해를 끼치고자 하는 악의가 없었거나 안 볼 수 없는 관계인 경우일 것이다.

그렇다면 상극인 사람과의 관계는 어떻게 해야 할까? 상극은 무조건 회피하는 것이 상책이다. 심지어 가족이어도 피하는 것이 좋다. 회피에는 세 가지의 방법이 있다.

첫째, 단박에 인연을 끊어버리는 것이다.

둘째, 상대가 눈치를 채지 못하게 서서히 인연을 끊어버리는 것이다.

셋째, 인연은 유지하되 함께 하는 시간을 최소한으로 하는 것이다.

단박에 인연을 끊는 경우는 서로가 도움이 안 된다는 것을 암묵적으로 동의했을 경우로 결단력이 필요하다. 상대가 눈치채지 못하게 멀어져야 하는 경우는 상대방이 내가 멀어지려는 것을 눈치채면 나를 해코지하거나 더 가까이 오려고 할 경우다. 이때는 결단력과 더불어 전략이 필요하다. 가족, 직장 상사처럼 어쩔 수 없이 봐야 하는 경우 최소한으로 만나면서 인연을 유지하는 것이 좋다. 가족이라고 무조건 다 맞는 건 아니다. 오히려 가족끼리 더 안 맞는 경우가 많다. 지구게임에서는 가족 구성원 중 한두 명과 상극으로 설계되어 내적으로 성숙하게 되는 경우가 많다.

기억에 남는 가족 간의 상극 사례가 있다. 20대 후반 여자 손님이었다. 아버지가 부산에 있는 운수업체 사장으로 부유한 집안의 외동딸이었다. 그녀는 배우를 준비하며 서울에 있었다. 딸의 바람과는 달리 아버지는 딸이 운수업체에서 경리 일을 하면서 회사를 물려받을 준비를 하고 좋은 남자와 결혼하기를 원했다. 그래서 금전적인 지원을 해주지 않았다. 그녀는 상담하는 날 자신과 교대 근무를 하는 다른 아르바이트생의 출근이 늦어 약속된 예약 시간보다 늦게 도착했다.

"선생님, 저 오디션 붙을 수 있을까요? 올해 안에 안 되면 저는 이 직업 포기해야 돼요."

"올해 안에 안 되면 내년에 하면 되지, 왜 포기하죠?"

"아버지가 올해까지만 봐준다고 했어요. 제가 부산 안 내려가면 아버지가 어머니를 힘들게 하실 거예요."

그녀의 아버지는 가부장적인 사람으로 자기 마음대로 안 되면 소리부터 크게 지르는 사람이라고 했다. 아버지의 그런 모습을 어렸을 때부터 봐온 그녀는 남자에 대한 공포가 생겨 연애를 해본 적이 한 번도 없다고 했다. 부산에 내려가면 아마도 평생을 새장 속의 새처럼 살아야 될 거라고 했다.

"올해 안에 꼭 오디션에 합격하고 경제적으로 독립해야 해요. 나중에는 어머니도 모셔오고 싶어요."

그러나 안타깝게도 타로카드를 뽑아본 결과, 그녀의 미래는 오디션에 합격하지 못하고 다시 부산에 내려가는 것으로 예측되었다. 이런 경우가 가족 간에 상극으로 만나는 경우다. 딸은 안될 운명으로 가지만, 아버지의 운의 알고리즘에는 큰 영향이 없다. 나는 그녀에게 몇 가지 방법을 제안했다.

"우선 제일 좋은 건 해외로 나가는 거예요. 아버지의 파동 안에 있으면 손님은 날개를 못 펴요. 아버지로부터 멀어질수록 좋겠죠. 서울로 피신한 건 잘한 결정이에요. 그런데 어쩔 수 없이 부산으로 가서 아버지 회사에서 일하게 된다면, 그래도 주어진 환경에서 행복하게 살아야 되잖아요. 그때는 아버지가 시키는 대로 하고 최대한 마주치지 마세요. 그리고 아버지와 함께 있을 때는 의식적으로 아버지와 손님 사이에 투명한 유리막이 있다고 상상하세요. 아버지의 에너지가 손님에게 미치는 것을 막아주는 유리막이죠."

상극 회피의 핵심은 상대방의 파동 에너지의 영향을 받지 않는 것이다. 우선 서로 멀리 떨어져 있으면 영향을 덜 받는다. 그런데 요즘은 스마트폰의 발달로 해외에 있어도 매일 전화와 메시지로 부정적인 파동 에너지를 전달할 수도 있다. 반대로 같이 있어도 내가 상대방의 파동 에너지를 막아내고 있다고 생각하면 그 영향을 덜 받을 수 있다.

집에 있는 배우자, 자녀보다 직장 상사와 더 오랜 시간을 보내는 경우가 많다. 그런데 직장 상사가 나와 상극이라면? 내가 기업 강의를 하면서 청중들에게 "일이 힘드세요? 사람이 힘드세요?"라고 물으면 약 80%는 "사람이요"라고 대답하고 나머지 20%는 "둘 다요"라고 대답한다. 결국 사람이 힘들다는 것인데 상극인 상사와 일할 때는 특히 더 힘들다. 이런 경우 직장 상사와 같은 공간에 있지만 의식적으로 유리막을 만들어 상사가 보내는 에너지가 나에게 못 온다고 상상하라. 그러면 회사에서 받는 스트레스가 덜해 퇴근 후 배우자와 자녀에게 덜 짜증을 내는 스스로를 발견할 것이다. 그리고 서서히 어떻게 하면 그와 멀어질 수 있을지를 고민하는 것이 좋다.

상극의 반대 개념은 상생이다. 함께 하면 둘 다 좋거나 둘 중 한 명은 좋고 나머지 한 명에게는 피해가 없는 관계다. 상극은 마이너스가 반드시 존재하고 상생은 플러스만 존재하는 관계다. 상극인 사람은 어떤 관계가 되었든 재빨리 단호하고 전략적으로 회피해야 한다. 상극이 없는 운의 알고리즘은 암초 없이 잘될 운명으로 가게 만들어준다.

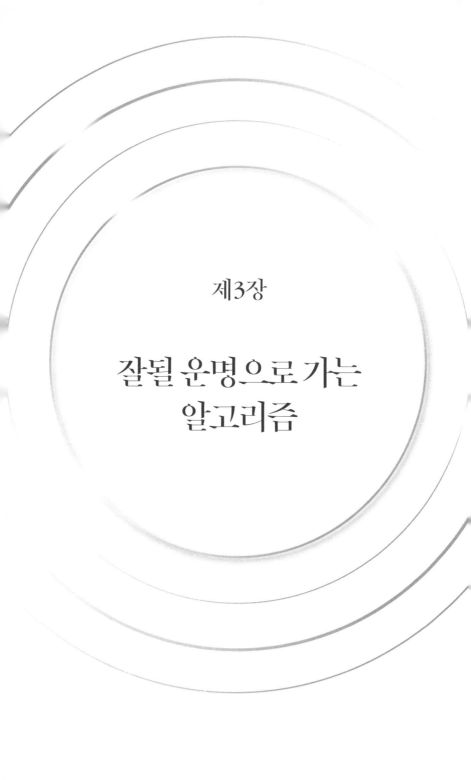

제3장

잘될 운명으로 가는
알고리즘

운이 들어오는
문을 열다

운이란 흐름이다. 태양계 행성들이 변화하는 위치에 따라 에너지가 발생하면 지구에 살고 있는 생명체들은 그 에너지를 받게 된다. 행성의 위치는 시간의 흐름에 따라 이동하고 생명체들이 받는 에너지도 변화하게 된다.

지구에 있는 모든 사람들이 똑같은 에너지를 받지만 그 에너지를 받는 각각의 사람들이 갖고 있는 에너지는 저마다 다르기 때문에 상생을 고려해야 한다. 선인장은 강한 햇볕에서는 잘 살아남지만 비를 많이 맞으면 죽는다. 거북이는 땅에서는 기어 다니지만 바다에서는 헤엄친다. 마찬가지로 운의 흐름이 나에게 유리할 때도 있고 불리할 때도 있는 것이다. 운의 흐름을 이해하고 순응한다면 나쁜 운은 없다. 바다 위의 배가 목적지를 향해 가는데 순풍이 불면 돛을 올리고 태풍이 올 것 같으면 태풍이 지나갈 때까지 잠시 멈춰서 재정비를 하면 된다. 운의 흐름을 모르고 거스를 때, 즉 태풍이 앞에서 다가오는데 그것을 기어이 뚫고 가려고 할 때 운이 나쁘다고 여기게 된다.

이렇게 **운에 맞춰서 살길을 찾는 것을 개운開運법이라고 한다. 여기서 '개開'는 '열다'라는 뜻으로 개운은 말 그대로 '운을 연다'는 의미다. 나의 선택과 마음가짐으로 나쁜 운조차 좋은 운으로 갈 수 있는 관문으로 받아들이고 운의 문을 여는 것이다.** 그렇다면 어떻게 운의 문을 열 수 있을까?

1. 운명을 이동시키다 – 이민, 이사, 이동

한국에서는 자신의 길을 찾을 수 없어 캐나다로 워킹 홀리데이를 떠났던 손님이 있었다. 그곳에서 요리의 세계를 접하게 되었고, 돈을 모아 세계적인 요리학교를 들어가게 된다. 그는 몇 년 동안 캐나다에서 모은 돈과 요리학교 졸업장을 갖고 한국으로 금의환향해 신도시에 상가를 얻어 고급스러운 인테리어의 프렌치 레스토랑을 오픈했다. 하지만 얼마 되지 않아 주변 상가 곳곳에 '임대문의' 포스터가 붙기 시작했다. 기세가 꺾인 상권의 막차를 탄 것이다.

거리는 황량했고 손님은 오지 않았다. 적지 않은 월세, 인건비, 식재료비, 대출이자가 그의 목을 조여오기 시작했다. 설상가상으로 급한 마음에 추가 대출을 알아보다가 사기까지 당하게 된다.

결국 캐나다에서 모은 돈은 1년 만에 바닥이 났고, 마음에 상처만 남아 오랜 기간 집 밖으로 나오지 않을 정도로 우울감에 사로잡혔다.

하지만 이렇게 살아서는 안 되겠다고 마음먹은 그는 일자리를 찾아서 다시 캐나다로 떠나게 된다. 다시 돌아간 캐나다에서 그는 보조 요리사로 밑바닥부터 시작했지만 곧 실력을 인정받고 귀인을 만나 새로 오픈하는 레스토랑의 메인 셰프가 되었다. 그곳에서 좋은 인연을 만나 결혼하게 되었고 영주권도 취득하게 되었다.

지금 내가 살고 있는 집, 일하는 사무실, 국가가 나와 상극인 경우가 있다. 이런 경우 나에게 맞는 터를 찾아 생활의 배경을 옮기면 운명이 하루아침에 바뀌게 된다. 늪에 빠져 있던 스포츠카가 고속도로 위를 달리게 되는 격이다.

2. 나쁜 인연의 굴레를 벗다 – 이직, 이혼, 이별

직장 상사 때문에 정신과 치료를 받고 있다는 손님들을 심심치 않게 만나게 된다. 이야기를 들어보면 직장 내 괴롭힘이나 왕따가 사람의 영혼을 얼마나 파괴하는지를 알 수 있다. 상사와의 갈등으로 휴직을 한 손님이 있었다. 본인은 모르겠지만 직장 다닐 때의 초췌했던 안색이 휴직하는 동안 많이 회복되어 있었다. 하지만 눈동자는 불안해 보였고 목소리가 미세하게 떨렸다.

"다음 달이면 휴직 기간이 끝나서 복직해야 되는데 하루하루가 두려워요."

회사 문제로 상담을 하러 온 손님들을 만나다 보면 그 직장이 아니면 안 된다는 틀에 갇혀 있는 경우를 많이 본다. 물론 당장의 생계와 경력 때문에 사직이나 이직이 쉽지 않다는 것은 잘 안다. 하지만 내 영혼과 마음이 피폐해지고 그 여파로 인해 건강도 해치는 상황이라는 것을 인지해야 한다. 그 손님은 복직했지만 결국 도저히 견디지 못하고 몇 개월 만에 연봉과 경력을 포기하고 이직했다.

"선생님, 제가 무엇 때문에 그 회사에서 숨 막힌 삶을 살았었는지 모르겠어요. 지금이라도 빠져나와서 다행이죠."

군대에 가면 유독가스 유출 상황을 대비해 화생방 훈련을 한다. 화생방 훈련실에 들어가면 가슴이 꽉 막혀오면서 눈과 코에서 불이 나는 것 같다. 나에게는 15년도 더 지난 오래전 일이지만 지금도 그때의 고통이 생생하다. 훈련이 끝나고 화생방 훈련실 문을 박차고 나오면 눈물 콧물이 쏟아지면서 맑은 공기에 가슴이 뻥 뚫리게 된다.

나쁜 인연에서 나오는 에너지 파장은 화생방 훈련 때 들이마시는 유독가스와 같다. 그 인연에서 벗어나면 새로운 세상이 열린다. 나는 이직, 이혼, 이별을 통해서 곧바로 운명이 바뀐 사람들을 많이 보았다. 지금의 인연에 숨이 막힌다면 문을 열고 나오면 된다. 문 밖에는 잘될 운명이 기다리고 있다.

3. 누에고치에서 나비가 되다 – 다이어트, 성형, 패션

개인 의상 코디를 전문으로 하는 선생님께 들은 얘기다.

"그 사람에게 맞는 예쁜 옷을 추천하면 거부하는 경우가 의외로 많아요. 하녀인데 공주 옷을 입은 것 같은 거죠."

그는 예쁜 옷을 입으면 그 사람의 표정, 행동, 말투가 당당하고 교양 있게 변하는 것이 흥미롭다고 했다. 그 반대의 경우도 있다. 예비군들은 군복만 입으면 이상하게 짝다리를 짚고 껄렁껄렁한 자세를 취한다. 옷이 사람에게 이 정도의 영향을 미치는 것을 보면 외모의 변화는 운명도 변화시킬 수 있을 것 같다.

손님 중에 개그우먼 지망생이 있었다. 열심히 준비했지만 그때까지 개그우먼으로는 성취가 없었다. 그즈음 그녀는 약간의 체중 조절을 했는데 그 결과 재연배우를 할 수 있는 기회가 주어졌다는 소식을 들었다. 1년이 좀 지났을 무렵 그 손님이 상담소에 다시 찾아왔다. 그녀가 문을 열고 들어오는데 나는 다른 손님이 온 줄 알았다. '긁지 않은 복권'이라는 표현이 실감 날 정도로 다이어트와 성형시술로 다른 사람이 되어 있었던 것이다.

"선생님. 오늘은 제가… 아이고, 이거 왜 이렇게 부끄럽죠? 우하하!"

대화를 나눠보니 예전의 호탕한 웃음은 그대로였다. 그날은 이전에는 한 번도 물어본 적이 없었던 연애에 대한 질문을 하러 온 것이었는데, 그게 부끄러웠던 모양이었다. 모태솔로였던 그녀는 헬스장에서 만난 멋진 남자와 예쁜 연애를 했다. SNS상에서 인기 있는 커플로 많은 이들의 선망을 받기도 했다.

겉모습이 뭐가 중요할까 생각할 수도 있지만 때로는 겉모습이 내면을 지배하기도 한다. 겉모습에 따라 다른 사람이 나를 바라보는 시선도 달라지거니와 무엇보다 스스로 뿜어내는 에너지가 달라진다. 이것은 에너지 파장과 귀인 상봉에 직접적인 영향을 줌으로써 잘될 운명을 향해 날갯짓을 하게 만들어준다. 누에고치를 벗고 나비가 화려한 날개를 펴는 것처럼.

4. 내 안의 또 다른 나를 발견하다 – 새로운 경험, 도전

내가 개그맨 준비생을 시작한 지 얼마 되지 않았을 때였다. 당시 〈웃찾사〉에서 큰 인기를 얻었던 선배가 내게 밥을 먼저 먹자고 했다. 식사 후 커피를 마시러 그의 집에 가보니 방 안에는 종이 캔버스, 물감, 이젤 등 미술 도구들이 있었다.

"선배님, 그림 그리시는 거 좋아하시나 봐요?"

"회도야, 나 미대 나온 남자야."

선배는 자기 이야기를 해주었다. 그는 원래 내성적인 미대생이었다고 했다. 그런데 대학 입학 후 신입생 오리엔테이션 자리에서 주변 사람들에게 떠밀려 장기자랑 무대 위로 올라가 춤을 추게 되었다고 했다.

"그런데 애들이 너무 좋아하는 거야. 그때 내가 살면서 한 번도 느껴보지 못한 희열을 난생처음 느꼈지. 그래서 개그맨이 되었고 나름의 성공을 했다. 지금은 그림 그릴 때보다 훨씬 행복하다."

만일 그 선배가 장기자랑 무대에 오르지 않았다면 평생 자신의 운명을 모르고 살았을지도 모른다. 나 역시 군대에서 타로카드를 배우지 않았다면 지금껏 내 재능을 몰랐을 것이다. 우리는 자기 자신을 가장 잘 알고 있다고 생각하곤 하지만 그런 확신은 오산이다. 나의 수십 개의 모습 중 하나만을 잘 알고 있는 것이다.

나는 한 사람의 영혼에는 수백, 수천 번의 삶이 저장되어 있다고 생각한다. 운동선수로 성공 후 방송인으로 성공한 사람은 자기 안에 들어 있는 영혼의 기억을 깨웠기에 그 성공이 가능했다고 생각한다. 시대와 상황에 맞는 영혼의 기억을 깨우면 예상치 못한, 잘될 운명의 문이 열리기도 한다. 새로운 도전과 경험만이 영혼의 기억을 깨울 수 있는 알람이다.

운성비를 높여주는
말의 힘

어머니가 친구 분들과 처음으로 대만으로 3박 4일 해외여행을 가셨을 때의 일이다. 귀국하시는 날 공항으로 내가 어머니를 모시러 가기로 했다. 아버지는 공항버스를 타면 집 앞까지 오는데 뭘 굳이 멀리까지 가냐고 하셨지만 내 생각은 조금 달랐다. 아들이 직접 모시러 가면 어머니가 기뻐하실 것이 분명했고, 친구 분들에게 자랑거리도 될 것 같았다. 집에서 인천공항까지는 왕복 3시간 거리였다. 기름 값 만 원 정도에 오고 가며 운전하는 나의 작은 수고만 들이면 어머니가 그보다 더 큰 기쁨과 으쓱함을 누리실 텐데, 주저할 필요가 없었다. 이런 나의 계획을 알게 된 당시의 여자 친구가 이런 조언을 덧붙였다.

"회도 씨, 공항에 가면 도착하는 사람을 찾을 때 쓰라고 준비해

놓은 종이가 있어. 거기에 이렇게 쓰면 어때?"

'세상에서 가장 아름다운 여인의 귀국을 환영합니다.'

그렇게 쓰인 종이를 들고 어머니가 오실 때까지 입국장에서 기다리라는 것이었다. 나는 쑥스러워서 못하겠다고 했지만 여자 친구는 그렇게 할 것을 강력하게 요구했다. 인증샷까지 꼭 찍어서 보내라고 했다. 나는 울며 겨자 먹기로 여자 친구가 일러준 환영 문구를 종이에 써서 입국장 앞에 들고 서 있었다. 30분 정도 서 있는데 마치 3시간처럼 길게 느껴졌다. 이윽고 어머니가 친구 분들과 함께 입국장 문을 지나 들어오셨다. 어머니는 내 얼굴을 한번 쳐다보고 반가워하시더니 이내 내가 들고 있던 종이의 문구를 보시고는 멋쩍은 웃음을 지으셨다. 나는 어머니 친구 분께 부탁을 드려 환영 문구가 적힌 종이를 들고 어머니와 함께 인증샷을 찍어서 여자 친구에게 보냈다. 그 전까지는 쑥스럽기만 했는데 막상 행동하고 나니 뿌듯함이 차올랐다.

며칠 뒤 어머니의 카카오톡 프로필 사진은 나와 함께 찍었던 그 인증샷으로 바뀌어 있었다. 해외여행을 가서 찍었던 사진들보다 그 사진이 가장 좋으셨던 것이다. 이 일은 지금껏 내가 했던 일들 가운데 가장 잘한 일 중 하나로 기억한다. 당시 현명한 조언을 해준 그때의 여자 친구는 지금의 아내가 되었다.

요즘 '가격 대비 성능'의 줄임말인 '가성비'라는 말을 많이 쓴다. 여기에서 착안해 나는 '운성비'라는 말을 만들어보았다. 운성비는 작은 노력으로 운을 끌어올리는 방법이다. 내가 환영 문구가 적힌 종이를 들고 입국장에서 어머니를 맞이해드렸던 행동은 작은 행동으로 어머니께 제대로 효도한 셈이니 운성비가 아주 높은 일이었다고 볼 수 있다. 게다가 그 기억을 지금 다시 생각하면 마음이 따뜻해지니 운을 끌어올린 일임에 분명하다.

'운성비'를 올리는 좋은 방법에는 여러 가지가 있겠지만 그중에서 한 가지만 꼽으라면 나는 '긍정의 표현'을 추천하고 싶다. 감사 표현, 사랑 표현, 격려 표현 등 긍정적인 표현은 운을 끌어올린다. 요즘 사람들은 자기 마음을 잘 표현하지 못하는 경향이 있다. 더 정확히 말하자면 불만이나 지적 같은 부정의 표현은 잘하지만, 감사와 격려 같은 긍정의 표현은 잘 못하는 것 같다. 긍정의 표현을 의식적으로 습관화 해보자. 운이라는 것은 감정과 연결이 되어 있다. 따라서 내 감정이 좋은 상태가 되면 운도 더불어 좋아진다.

부모님이 계시다면 더 늦기 전에 부모님께 감사하고 사랑한다는 표현을 해보자. 어디서부터 어떻게 해야 할지 모른다면 다음의 메시지를 그대로 부모님께 보내보자. 처음에는 어색하더라도 눈 딱 감고 한번 보내보자. 절대 후회할 일이 없을 것이다.

"엄마(어머니), 그동안 저를 건강히 잘 키워주시고 옆에 있어주셔서 감사해요. 앞으로 제가 더 잘할게요. 사랑해요."

"아빠(아버지), 힘든 일 다 이겨내시고 가정 지키시느라 그동안 고생 많으셨어요. 진심으로 감사해요. 앞으로 제가 더 잘할게요. 사랑해요."

얼굴을 마주 하고 직접 말로 전달하면 제일 좋겠지만 쉽지 않은 일이라 자꾸 미루게 된다. 그러니 시간과 장소에 관계없이 우선은 문자 메시지부터 보내보자. 생각보다 진한 감동과 따뜻함이 느껴지는 부모님의 답신이 되돌아올 것이다.

그다음으로는 고마운 사람들에게 메시지를 보내거나 전화를 해서 그 마음을 표현해보자. 그러면 그들이 나를 한번이라도 더 좋게 생각할 것이고, 내가 잘되기를 응원해줄 것이다. 이렇게 마음을 표현하는 데는 큰돈이 들거나 시간이 오래 걸리지 않는다. 그럼에도 불구하고 운이 좋아진다. 물론 감사한 분을 떠올리며 선물을 사는 등 돈을 조금 투자하는 것도 좋다.

긍정의 표현은 작은 노력으로 운을 끌어올리는 방법이다. 물론 첫 시작은 어색하고 쑥스럽다. 하지만 습관으로 정착하면 당신을 좋은 방향으로 이끌어줄 기회가 자석처럼 끌려오게 된다. 또한 위기에 처했을 때는 그로 인한 피해의 충격을 자동차 에어백처럼 흡수해준다. 우리는 운성비 있는 행동으로 잘될 운명으로 더 빠르고 안전하게 갈 수 있다.

반대로 운성비를 나쁘게 하는 말도 있다. 기껏 누군가를 도와줘놓고 상대방이 충분히 고마워하지 않는다며 서운함이나 원망하는 마음을 표현하는 경우가 그렇다. 또는 상대를 걱정한다는 미명으로 어설픈 충고나 조언을 하는 것도 좋지 않다. 그 사람을 위해 쌓아올린 그동안의 99가지 공덕이 그 한마디의 말 때문에 무너질 수도 있다.

공자나 소크라테스를 성인聖人이라고 한다. 여기서 '성聖'이라는 한자의 구성을 잘 살펴보자. 상단에는 '귀 이耳'와 '입 구口'가 위치하고, 그 아래에는 '나갈 정王'이 자리하고 있다. 즉, 바르게 듣고 말하는 사람이 곧 성인이라는 뜻이다. 보통 사람이 성인의 경지에 다다르기란 쉽지 않다. 이 말은 곧 바르게 듣고 말하는 일이 쉽지 않음을 의미한다. 그렇다면 어떻게 해야 바르게 듣고 말할 수 있을까? 나는 오랫동안 이것을 고민해왔다. 생각해보면 내가 할 말을 생각하면서 상대의 말을 들을 때 바로 듣지 못했다. 내입장만 생각해서 말할 때는 바로 말하지 못한다. 이것을 거꾸로 하면 바로 듣고 말할 수 있는 비결이 된다. 요컨대 상대를 도와주고자 하는 마음, 상대가 잘되길 바라는 마음으로 듣고 말하면 된다. 이는 곧 배려다. 바르게 듣고 말한다는 것은 곧 배려하는 마음을 갖추고 말한다는 것이다.

운성비에 가속을 붙여주는 연료도 있다. 센스와 유머다. 개그맨활동을 할 때의 일이다. 당시 〈웃찾사〉의 인기 코너에서 활약하던 개그맨 선배와 식사를 하러 삼겹살집을 가게 되었다. 한창 재밌게 이야기를 나누면서 식사를 하던 중에 두 분의 여성이 그 개그맨 선배에게 다가왔다.

"어머나, 저 팬이에요! 혹시 한 번만 웃겨주시면 안 돼요?"

어쩌면 무례하다고 생각할 수도 있는 상황이었는데 그 개그맨 선배는 한 치의 주저함도 없이 당시 자기 유행어 톤으로 "싫은댕?

꺼질랭?" 하고 응답했다. 여성 두 분은 웃으면서 인사를 하고는 자리를 이동했다. 여기서 끝이 아니었다. 잠시 후 선배는 나에게 심부름을 시켰다.

"회도야, 여기 뚜껑 안 딴 소주 한 병을 저쪽 테이블로 갖다 드리면서 저분들한테 나를 보라고 해."

나는 선배가 시키는 대로 두 여성 분에게 소주병을 가져다주며 개그맨 선배 쪽을 보시라고 했다. 그러자 선배는 자신의 소주잔을 들면서 느끼하게 윙크를 했다. 바텐더를 통해서 미녀에게 칵테일 전달하는 영화 속 장면을 연출한 것이다. 장소가 삼겹살집이고, 칵테일이 소주병으로 바뀐 것뿐이었다. 웃음보가 터진 것은 우리만이 아니었다. 우리 일행을 은근히 쳐다보고 있던 다른 테이블에 앉은 사람들까지 모두 박장대소를 했다.

만일 그때 그 선배가 여성 분들의 웃겨달라는 요청에 정색을 하며, "지금 식사 중인 거 안 보이세요? 밑도 끝도 없이 웃겨달라면 어떡해요?"라고 말했다면 어땠을까? 분명 전혀 다른 에너지 파장이 만들어졌을 것이고, 내가 기억하는, 모두가 즐겁고 유쾌했던 그날의 장면은 절대 만들어지지 않았을 것이다.

곧은 나무는 강한 바람에 부러진다. 불어오는 바람에 따라 이리도 흔들리고 저리도 흔들리면서 춤출 수 있어야 한다. 어떤 상황에서도 긍정의 에너지 파장을 유지하기 위해 필요한 것은 바로 유연함이다. 유연함은 센스와 유머로 만들어진다.

자손 대대로
복이 이어지는 이유

몇 년 전 12월의 어느 날, 출판사를 운영하는 친구를 돕기 위해 파주의 도서 물류창고에 책 재고 정리를 하러 갔다. 그날따라 날씨도 춥고 눈도 많이 왔다. 물류창고에는 원래 일하시는 분들을 제외한 외부인은 우리 밖에 없었다. 책 정리를 두 시간쯤 했을 무렵, 차 한 대가 들어왔다. 그리고 한 사람이 양손에 고기 선물 세트로 보이는 것들을 가득 들고 내렸다.

"엇! 저 사람은 ○○○ 작가님이네."

알고 보니 그분은 그 해에 가장 많이 팔린 베스트셀러를 집필한 작가님이었다. 자기 책을 관리해주는 물류창고 직원 분들께 연말 선물을 주려고 온 것이었다. 그는 사무실에 들어가 30분 넘게 직원들과 이야기를 나누었다. 이후 직원 분은 책을 정리하던 우리에게도 그 작가님을 소개해주었다.

"우리 ○○○ 작가님이세요. 아시죠?"

물류창고 직원 분이 작가님을 호칭하며 더한 '우리'라는 단어에서 친근함을 느낄 수 있었다. 짐작하건대 물류창고에서 일하는 직원 분들은 그 작가님의 책을 배송할 때면 아무래도 다른 수천 권의 책들보다 더 신경을 쓸 것이다. 세상으로 나아가는 시작부터 사랑을 받고 출발하는 책이니 당연히 많은 독자들에게도 사랑을 받을 수밖에 없겠다는 생각이 들었다.

나는 기업이나 대학 특강이 끝나면 바로 온라인 쇼핑몰에서 선물을 사서 그 자리가 성사되기까지 애를 써주신 고마운 분들께 순차적으로 택배를 보낸다. 선물이라고 해야 대단한 것은 아니고 과일, 한과, 육포 같은 먹을거리다. 이렇게 작은 선물들을 건네며 감사의 마음을 표현하고 나면 나의 기분도 덩달아 좋아진다. 그리고 내가 무언가를 바라고 한 일은 아니었지만 나중에 몇 배로 더 좋은 일이 되어 다시 되돌아옴을 경험했다.

또 나는 상담소에 갈 때마다 빵과 우유를 사서 건물에서 일하시는 경비 아저씨 두 분께 드린다. 그 덕분일까? 내 상담소가 있는 건물은 주차장이 만차일 때가 종종 있는데 내 손님이라고 하면 경비 아저씨들께서 없는 자리도 만들어주신다. 또 상담소 오픈 시간보다 일찍 도착해서 기다리는 분들이나 내가 부재중인 것을 모르고 오신 손님들께도 친절하게 대해주신다.

별것 아닌 일처럼 보이지만 사실 굉장히 중요한 부분을 두 경비 아저씨께서 신경을 써주시는 셈이다. 손님들이 나를 만나기 직전에 경험하는 일련의 상황들은 나와 손님과의 관계에 영향을 미친다. 만일 상담을 하러 왔다가 건물에 주차할 공간이 마땅치가 않아 주변의 골목을 돌다가 어딘가에 차를 긁히기라도 한다면 상담을 받기 전부터 얼마나 짜증이 나겠는가? 손님이 갖게 된 부정적인 감정은 고스란히 나에게 전해진다. 두 경비 아저씨의 배려 덕분에 내 상담소를 찾는 손님들은 건물 입구에서부터 환영을 받으면서 내게 오는 것이다.

베풂은 두 가지 경우로 나눌 수 있다. 하나는 가족, 친구, 직장 동료처럼 나와 관련된 사람에게 베푸는 것이다. 만일 베풀고 싶은 마음은 굴뚝같지만 금전적인 여유가 없다면 어떻게 해야 할까? 베풂의 수단이 꼭 돈일 필요는 없다. 부모님의 어깨와 다리를 한 번이라도 주물러드리는 것, 친구에게 따뜻한 말을 한마디 건네는 것도 베풂의 한 방식이다. 직장 동료가 오늘 결혼기념일인데 일이 많아 보인다면 빨리 퇴근할 수 있도록 도와주는 것도 베풂이다. 나의 좋은 에너지 파장을 상대방에게 전달하는 모든 방법이 베풂인 셈이다.

또 다른 하나는 나와 아무런 관련이 없는 사람에게 베푸는 것, 즉 선행이다. 봉사활동, 기부, 나눔 등 선행의 방법은 다양하다. 이러한 선행을 하지 않는다고 해서 나의 운의 알고리즘이 나빠지는 것은 아니다. 그러나 나의 선행으로 세상이 밝아졌다는 것을 느낄 때 내 영혼이 치유되고 자연스럽게 에너지 파장이 좋아진다.

내가 세상에 뿌린 선행은 이번 생에 내게 직접적으로 돌아오진 않더라도 언젠가는 반드시 돌아온다. 한 식품회사의 회장님이 4천여 명의 선천성 심장병 어린이들의 수술비를 지원했다는 이야기를 신문기사로 본 적이 있다. 그 뒤 꽤 오랜 시간이 지나 그 회장님의 손녀가 운영하는 유튜브 채널의 영상을 우연히 보게 되었다. 영상 밑에는 할아버지인 회장님 덕분에 수술을 마치고 건강하게 성장했다는 사람의 댓글이 달려 있었다. 그 댓글을 보면서 《주역》의 〈문언전〉에 실린 '적선지가 필유여경積善之家 必有餘慶', 즉 '선행을 쌓은 집안은 반드시 경사가 생긴다'는 구절이 떠올랐다. 뻔한 말 같지만 진리이자 《주역》의 핵심 사상이라고 볼 수 있다. 분명 그 회장님의 도움으로 새 생명을 부여받고 건강을 회복한 사람은 두고두고 그 회사의 상품을 볼 때마다, 언론에서 그 회장 일가의 소식을 접할 때마다, '저 기업이 잘되었으면', '저 가족이 잘되었으면' 하는 마음을 가질 것이다. 그렇게 행운과 안녕을 빌어주는 사람이 많아질수록 긍정적인 에너지 파장이 비옥해진다.

베풂의 반대는 인색함이다. 인색함은 에너지 파장을 메마르게 한다. 사막에서 식물이 살기 어렵듯이 메마른 파장 안에는 사람이 머물기 힘들다. 주변을 둘러보면 돈은 많은데 인색해서 가까이에 사람이 없는 경우를 쉽게 볼 수 있다.

어려운 환경을 딛고 자수성가한 한 청년 사업가가 있었다. 열심히 사는 그를 기특하게 여긴 많은 이들이 그를 도왔고 특히 한 지인이 좋은 제안을 해준 덕분에 그는 소위 '대박'이 났다. 하지만 그 청년 사업가는 자신에게 큰 도움을 준 지인에게 별다른 감사 표현을 하지 않았다. 고마운 마음은 있었지만 베푸는 것에 익숙하지 않았기 때문이다. 그런 일들이 반복되자 그에게 서운함을 느끼는 사람들이 많아졌고, 그에게 위기가 닥쳤을 때 아무도 그를 위해 나서지 않았다. 결국 그는 아무런 안전장치도 없이 나락으로 떨어져 한동안 힘든 시간을 보내야만 했다.

베풂도 습관이고 패턴이어서 많이 받아본 사람, 많이 해본 사람이 베풀 줄도 안다. 생존을 위해 고군분투하며 살아온 사람들은 여유가 생긴 후에도 이전의 습이 남아 있어 남들에게 베풂의 시선을 돌리기가 쉽지 않다. 자, 잠시 멈추고 이제까지 내게 도움을 건네준 사람들을 떠올려보자. 나는 그들에게 충분히 고마워했는가? 나는 그들만큼 남들을 돕고 배려했는가? 지금까지의 내가 인색했다고 생각된다면 지금부터라도 베풀려고 노력하면 된다. 오늘 당장 매일 집 앞까지 소중한 택배를 배달해주는 고마운 택배 기사님을 위해 음료수 한 캔을 현관문 앞에 놓아보자. 작은 베풂의 행동으로 에너지 파장이 미세하게 달라짐을 느낄 수 있을 것이다.

좋은 에너지 파장을 만들어내는 또 다른 키워드는 감사함이다. '젊어서 고생은 사서도 한다'는 말처럼 나는 유년시절의 고생을 통해 감사함을 배웠다. 저녁에 가족들과 맛있는 음식을 먹을 수 있는 것, 아이와 정답게 살을 부비면서 편안히 잠드는 것, 화창한 어느 날 시원한 반팔을 입고 카페의 테라스에 앉아 미풍의 흔들림을 느끼는 것. 일상의 모든 것이 감사하다. 내 안에 감사함이 충만하면 에너지 파장이 편안해진다. 요즘은 삶이 더 각박하고 치열해지면서 내면이 편안한 사람을 찾기가 힘들다. 그래서 편안한 파장의 사람은 어딜 가나 환영받는다. 사막 위의 오아시스 같은 존재로 여겨지는 것이다.

'행복=가진 것/원하는 것'이라는 공식을 어떤 다큐멘터리에서 본 적이 있다. 내가 가진 것을 인지하고 그것에 감사함을 느끼면 행복할 수 있다. 반대로 박복한 사람들은 불평불만이 많다. 불평불만은 에너지 파장에 가시가 돋게 하고 사람들로 하여금 떠나가게 만든다. 외로워지면 불평불만이 더 많아지는 악순환이 시작된다. 그래서 의식적으로 감사하는 훈련을 해야 한다.

심리학자들의 연구에 따르면 사람이 행복한 정도를 느끼는데 유전이 50%, 태도가 40%, 상황이 10% 기여한다고 한다. 행복을 느끼는 데에 유전이 절반이라는 것은 참으로 놀라운 일이다. 그야말로 행복한 부모에게 행복한 자녀가 태어나고, 박복한 부모에게 박복한 자녀가 태어나는 것이다. 아이에게 물려줄 것은 돈이 아니라 매사에 감사하고 타인에게 베풀며 행복을 느끼는 태도인 것이다. 이렇게 먼저 감사하고 베풂을 실천하면 우리 가족의 행복을 빌어주는 사람이 더 많아지니 복이 자손 대대로 이어질 수밖에 없다. 마치 영화 속 왕의 행차 장면처럼 우리가 가는 길에 사람들이 꽃잎을 계속 뿌려주어 꽃길만 걷게 될 것이다.

좋은 운이 들어오는
공간

흔히 터가 좋아야 한다고 한다. 운을 결정하는 데 풍수가 가장 중요하다고 말하는 운명학자도 있다. 집터나 묫자리 때문에 잘 풀리기도 하고 안 풀리기도 한다는 것이다. 맞지 않는 터로 이사 간 후 쇠약해지거나 사고수가 생겼다는 지인들도 주변에서 실제로 몇몇 보았다.

내가 풍수 전문가는 아니지만 좋은 터와 나쁜 터를 구별하는 간단한 기준을 얘기해볼까 한다. 우선 명당은 무덤이든 집터든 상관없이 밝고 양기가 넘친다. 따뜻한 기운이 있고, 볕이 잘 들고, 들어가면 마음이 편안하고, 주변의 온도가 1~2도 더 높다. 반대로 흉터는 춥고, 어둡고, 스산하며, 음침하다. 그런 곳에 있으면 마음이 우울해지고 안 좋은 생각이 든다.

내 친구가 런던에 어학연수를 갔을 때의 일이다. 그보다 먼저 런던에 도착해 살고 있던 선배가 내 친구에게 자신은 다른 집에 가게 되었으니 두 달치 월세를 이미 지불한 원룸에서 지내라고 제안했다. 런던의 집값이 워낙 비싸기 때문에 친구는 이게 웬 횡재인가 싶어 선뜻 그 제안을 받아들였다. 문제는 그다음이었다. 들어가 살아보니 그 원룸은 위치도 좋고 인테리어도 예뻤지만, 서늘하고 음습한 기운이 감돌았다. 거기서 지내는 두 달 내내 친구는 이상하리만치 과거의 우울한 기억이 떠올라 감정이 밑바닥을 쳤다고 한다. 하이드파크에 산책을 가면 기운이 확 좋아졌다가도 집에만 오면 한없이 가라앉았다.

결국 친구는 계약 기간이 끝나자마자 다른 집으로 거처를 옮겼다. 새로 이사 간 곳은 전에 묵던 원룸보다 방 크기도 훨씬 더 작고 다른 사람들과 거실을 공유해야 해서 불편했지만 그곳으로 가자마자 원래의 쾌활한 성격으로 돌아왔다. 이후 몇 년이 흘렀다. 친구가 그에게 원룸을 내주었던 선배와 오랜만에 만나 밥을 먹는데 풍수에 관한 이야기가 나왔다. 그 선배는 자신이 이 친구에게 원룸을 내줬던 사실을 잊었는지 이렇게 말했다.

"내가 런던에 살 때 최악의 터를 경험한 적이 있는데 말이야. 그 원룸만 가면 기분이 싸하고 머리가 아픈 거야. 그리고 밤마다 가위에 눌려서 도저히 못 살겠더라고. 그래서 월세 낸 기간이 꽤 남았는데도 그 집에서 일찍 나왔지 뭐야."

이처럼 풍수 전문가가 아니어도 누구나 터의 기운을 느낄 수 있다. 예민한 사람은 몸이 먼저 반응한다. 명당은 누가 봐도 명당이고 흉터는 누가 봐도 흉터인 것이다. 이는 마치 미술에 대해 아무것도 모르는 사람이라고 할지라도 세계적인 명작을 어딘지 모르게 작품이 훌륭하다는 것을 느끼고 감동을 받는 것과 같다.

명당에 가면 계속 그 자리에 머무르고 싶은 마음이 든다. 나는 조선시대 최고의 명당 중 하나라고 할 수 있는 태조 이성계의 왕릉인 건원릉에 허가를 받아서 올라가본 적이 있다. 건원릉의 정면에 딱 서서 아래를 내려다보면 웅장하고 탁 트인 느낌에 가슴이 뻥 뚫리는 것 같았고, 왕릉의 뒤편에 앉으면 아늑하고 따뜻해서 한숨 자고 내려가면 좋겠다는 생각이 들었다.

여담이지만 명당인지 아닌지를 술로 감별하는 방법도 있다고 들었다. 나는 술을 마시지 않아 모르겠지만 명당에서 술을 마시면 술맛이 달고 흉터에 마시는 술은 쓰다고 한다. 또 명당에 가서 향을 피우면 향이 기분 좋게 느껴지고 잘 퍼져 나가는 반면, 흉터에서는 향이 퍼져 나가지 않고 그 주변에만 맴돌고 무겁고 축축하고 음습한 느낌이 든다. 흉터는 꺼지는 늪과 같은 기류가 흐르고, 명당은 밝아서 발산하는 기류가 흐르기 때문이다.

내가 생각하는 가장 확실한 구별법은 내가 해당 장소로 자리를 옮긴 후 어땠는지를 냉정하게 생각해보는 것이다. 만일 이사 온지 3년이 되었다고 가정할 때, 지난 3년 동안 자신에게 좋은 일들이 많았는지 아니면 힘든 일들이 많았는지를 생각해보는 것이다. 좋은 일들이 많았다면 웬만하면 현재 살고 있는 곳에서 이동하지 말고, 힘들었다면 이사를 생각해보는 것도 좋다.

이사 온 집이 흉터라면 어떻게 해야 할까? 흉터에서도 상대적으로 좋은 자리가 있어 그곳을 잠자리로 하는 것이 좋다. 우리는 인생의 3분의 1에 해당하는 시간을 잠을 자며 보내기 때문에 잠자리가 가장 중요하다. 잠이 잘 안 오거나 아침에 찌뿌둥한 상태가 이유 없이 계속된다면 거실에서도 자보고 작은방에서도 자보고 침대의 머리 방향을 바꿔서도 자보면서 아침에 개운하게 일어날 수 있는 자리와 방향을 찾아야 한다.

지금 있는 자리에서 당장 이동할 수 없는 상황이라면 좋은 파장으로 공간을 채워야 한다. 나쁜 터도 좋게 만들 수 있는 것이 사람의 파장이다. '땅의 진가를 알아봐주지 않고 용도를 잘못 쓸 때 흉터가 된다'고 주장하는 풍수 전문가도 있다. 공간이 사람을 만들지만, 사람이 공간을 만들기도 한다. 그렇다면 당장 무엇을 할 수 있을까?

첫째, 머무는 공간을 청소하고 정리정돈 하자. 한번은 내 상담소에 풍수 선생님이 놀러 오신 적이 있다. 그는 들어오자마자 이런 말을 던졌다.

"정 선생, 이 사무실 잘 안 쓰시죠?"

"네. 일주일에 하루 정도만 써서 거의 비어 있어요. 곧 이사 갈 예정이라 근래에 신경을 많이 못 썼네요."

"내가 도와줄 테니 우리 지금 청소 좀 합시다."

내 상담소는 작은 오피스텔이어서 청소하는 데 시간이 별로 안

걸릴 줄 알았는데 무려 세 시간이 걸렸다. 안 쓰는 소파, 불필요한 서류들, 오래된 장식물들을 버리고 구석에 있던 상담 테이블을 상담소 중앙에 두었다. 손님이 보는 벽면에는 손님들이 내게 신뢰를 가질 수 있는 자료들이 잘 보이도록 배치했다. 남자 두 명이 세 시간을 땀 흘린 끝에 내 상담소는 불과 몇 시간 전과는 전혀 다른 공간이 되었다.

"훨씬 낫네. 이곳이 정 선생 본거지잖아요. 뿌리 같은 곳인데 잘 안 쓴다고 해서 방치하면 안 돼요."

"그건 그렇죠. 그런데 곧 이사 갈 것 같아서…"

"사람이든 공간이든 마지막 순간에 가장 빛나야 하는 겁니다. 그래야 함께 했던 추억들이 소중하게 남아 있게 되죠."

이 말을 듣는 순간 망치로 머리를 한 대 맞은 것처럼 뒤통수가 얼얼했다. 깨달음과 부끄러움이 동시에 밀려왔다. 그 후로 온 단골손님들의 첫마디는 약속이나 한 듯이 똑같았다.

"어머나, 상담소 분위기가 좀 바뀌었네요. 훨씬 좋은데요."

당초 계획과는 달리 2년이 지난 현재까지도 나는 사무실 이사를 안 하고 있다. 청소와 정리를 한 후 일이 더 잘 풀려 이사할 이유가 없어졌다. 인터뷰나 촬영도 외부가 아닌 상담소에서 하게 되었다. 공간의 입구 방향, 창문, 청결 상태, 가구 배치 등은 그 공간만의 에너지 흐름을 만든다. 그 흐름이 막히거나 어지럽게 되면 공간의 주인이 영향을 받는다. 가게라면 손님들도 영향을 받는다.

공간의 에너지가 얼마나 대단한지 느꼈던 일화가 있다. 요가의 큰 스승님을 뵙기 위해 제주도까지 찾아간 적이 있다. 수업 시간보다 10분 일찍 도착했음에도 이미 30여 명이 자리에 앉아 있었다. 스승님은 입구에 앉아 계셨는데, 내가 들어가자마자 말씀하셨다.

"자네는 네 번째 줄에 머리 묶은 남자 오른편으로 가서 앉으시게나."

얼떨결에 자리에 앉았고, 잠시 후에 수업이 시작되었다. 스승님의 나지막한 목소리를 따라 다들 자세를 잡았다. 나도 처음에 몇 동작은 어설프게 따라할 수 있었다. 그런데 어느 시점부터는 흉내조차 낼 수 없는 고난이도 자세가 시작되었다. 놀라운 것은 나 빼고 나머지 사람들이 그 자세를 거의 다 하고 있었다. 진풍경이었다.

'저 정도의 자세가 되는 사람들이 여기 왜 왔을까…?'

적잖은 충격과 의문이 생겼다. 나중에 그곳을 나에게 소개해준 분께 자세한 이야기를 들을 수 있었다.

"거기 계신 분들은 거의 대부분 요가원 원장님들이세요."

"요가원을 운영하실 정도의 분들이 거기 왜 가시는 거죠?"

"스승님에 대한 존경심이 우선이겠죠. 그런데 놀라운 건 본인 요가원에서는 안 되는 자세가 그곳에서는 된다고 해요."

"네? 그게 어떻게 가능하죠?"

"들어올 때 스승님이 자리 지정해주셨죠? 그게 그 사람의 에너지 파장을 보고 자리를 주시는 거래요. 그렇게 그 공간에서 만들어지는 에너지 흐름 덕분에 안 되는 자세가 된다고 해요."

공간의 에너지 흐름은 사람의 생각, 감정, 행동에 영향을 주고, 그 공간을 지배한다. 어지럽혀진 방에서는 잡생각이 든다. 가게에 안 쓰는 물건들이 곳곳에 쌓여 있으면 다른 물건들도 점차 못 쓰게 만들어 결국 가게를 폐업하게 만든다. 장사가 안 된다면 입구부터 시작해서 창고까지 구석구석 청소와 정리를 해보자. 효과를 바로 느낄 수 있을 것이다. 내가 머무르는 공간에 애정을 갖고 마지막 순간까지 그 공간이 빛이 나게 해줘야 한다. 그곳에서 잘될 운명의 운의 알고리즘이 만들어질 것이다.

둘째, 바른 자세와 몸가짐을 하자. 바른 자세일 때 운이 '나'라는 공간에 바르게 들어온다. 자세는 겉으로 보이는 모습과 어떤 것을 대하는 모습으로 나눌 수 있다. 잘되는 가게의 주인이나 직원들이 유니폼을 단정하게 입고 반갑고 힘차게 인사하는 모습을 상상해보면 감이 올 것이다.

나는 노량진에서 길거리 음식을 사 먹는 걸 좋아한다. 음식이 맛있고 저렴하다는 이유도 있지만 목표를 가지고 치열하게 공부하는 이들의 기운이 느껴져서 좋다. 나는 수험생들을 슬쩍 보면 합격할 기세인지 아닌지를 대략 가늠할 수 있는데, 불합격할 것 같은 사람들의 공통점은 이렇다. 바로 늘어난 트레이닝복, 며칠은 감지 않은 듯한 머릿결, 대충 꿰어 신고 나온 삼선 슬리퍼 차림. 공부에 온통 시간을 쏟느라 샤워하고 세탁할 시간이 없을 수도 있다. 하지만 내 생각은 다르다. 차라리 30분 공부를 덜 하더라도 깨끗하고 단정한 모습으로 하루를 시작하는 편이 낫다.

'깨진 유리창의 법칙'이라는 것이 있다. 건물의 유리창 하나가 깨진 상태로 있으면 버려진 건물이라 생각되어 지나가던 사람들이 다른 유리창들도 깰 가능성이 커진다는 것이다. 흐트러진 모습은 건물의 깨진 유리창과 같다. 하나를 대충했으니 다른 것들도 대충하게 된다.

내가 운영 중인 유튜브 채널에 올라가는 영상은 거의 대부분 내 손만 나온다. 그렇다고 해도 나는 유튜브 영상을 촬영할 때 항상 깨끗한 셔츠를 챙겨 입는다. 단정한 모습으로 구독자를 만나기 위함이다. 의복은 사람의 태도에 확실히 영향을 준다. 그래서 고급 레스토랑이나 파티에는 드레스코드가 있고, 옷을 단정하게 입으면 한층 교양 있는 행동을 하고자 노력하게 된다. 깨끗하고 단정한 모습에서 바른 자세가 나오는 것이다. 바른 자세에서 바른 운의 공간이 생긴다.

셋째, 웃는 얼굴로 밝게 말하자. 얼굴은 '나'라는 공간으로 들어가는 문이라고 볼 수 있다. 웃는 얼굴은 문을 활짝 열어놓는 것이고, 밝게 말하는 것은 환하게 입구를 밝혀놓는 것이다. 잘되는 식당에 가면 문을 여는 순간 직원들이 합창하듯 "어서 오세요!" 하고 외친다. 문을 닫고 나갈 때도 손님과 눈을 마주치며 "감사합니다! 또 오세요!"라고 외친다. 이런 식당에서는 업셀링(upselling, 더 비싼 제품을 구매하도록 유도하는 판매 행위)이 자연스럽게 이어진다.

"지금 선택하신 메뉴에 2천 원을 추가하시면 시원한 음료와 갓 구운 식전빵이 함께 나오는데 이걸로 하시겠어요?"

식당가에 가면 여러 식당들 중에서도 손님이 많아 보이는 식당 앞에 더 많은 사람들이 모여 줄을 선다. 사람이 많은 걸 보니 더 맛있을 것 같고 재료도 빨리 순환되어 신선할 것 같다는 기대감이 들기 때문이다. 기운이 좋은 직원들이 긍정적인 감정으로 끌어당긴 손님들을 보고 또 다른 손님들이 모이니 긍정적 파장이 더 커지는 경우라고 할 수 있겠다.

반면에 파리만 날리는 식당에 가면 직원들이 삼삼오오 모여앉아 TV만 보다가 뚱한 얼굴로 손님을 맞는 경우가 있다. 표정이 안 좋은 사람들이 하는 말은 부정적인 경우가 많다.

"혼자 오셨어요? 저기 구석에 앉으세요."

"그쪽 자리는 물건 들어와야 해서 앉으시면 안 돼요."

"수도 얼어서 화장실 쓰시면 안 돼요."

그 직원들이 나에게 나쁜 감정이 있어서 그런 퉁명스러운 태도를 보이는 게 아니라는 걸 안다. 장사가 안 되고, 몸도 피곤하니 부정적으로 말을 하게 되고 인상도 찌푸리고 있게 된 것이다. 습관인 경우도 많다. 그러나 계속 부정적인 말만 하면 부정의 에너지 파장 안에 갇히게 된다. 삶이 힘들고 지치더라도 긍정의 말을 하려고 노력해야 한다.

"손님, 그쪽보다 이쪽 자리가 더 시원한데 이 자리 어떠세요?"

"오늘만 2층 화장실 이용을 부탁드려도 될까요?"

긍정의 말을 하면 표정도 자연스럽게 밝아진다.

"네 말이 정말 맞다", "이거 진짜 맛있다", "요즘 정말 행복하다" 등 보통 긍정의 말은 웃으면서 한다. 반대로 부정의 말을 하면 표정도 어두워진다. "그건 말이 안 돼", "비싸기만 하고 맛도 없네", "요즘 정말 죽을 만큼 힘들다" 하는 말들을 웃으면서 하는 사람은 없다.

내가 머무는 공간과 '나'라는 공간에 운이 들어올 수 있는지 천천히 둘러보자. 애정을 가지고 자신의 공간을 정리하고, 맑고 밝게 만들어보자. 운이 들어오는 공간이 만들어진다.

귀인을 끌어당기는
비밀

내가 2017년 MBN 〈동치미〉라는 프로그램에 출연했을 때 한의사 이경제 원장님과 인연을 맺게 되었다. 타로카드를 2년 정도 공부한 적이 있으셨다는 원장님은 녹화를 편안하게 이끌어주셨고, 촬영이 끝나고 난 후엔 먼저 연락을 주셨다. 임신을 준비 중이라는 나의 얘기에 원장님은 우리 부부를 병원으로 초대해주셨다. 그러시고는 이미 몇 달치 진료 예약이 잡혀 있는 상태에서 따로 개인 시간을 내어 진맥을 봐주시고 약도 지어주셨다. 그 덕분이었을까? 얼마 후 우리 부부는 임신에 성공해 원장님께 기쁜 소식을 전했다.

"정 선생, 정말 축하해. 잠깐 시간 있지? 나랑 같이 들를 데가 있어."

원장님은 나를 보석상에 데려갔다.

"내가 미리 돌반지 선물할게. 산모, 아이 모두 건강하게 출산하고 돌잔치 때 아이에게 끼워주게나."

진심으로 나를 생각해주시는 마음이 느껴졌다. 원장님은 그 후 우리가 둘째 아이를 준비할 때도 도움을 주셨다. 뿐만 아니라 원장님은 종교, 정신세계, 풍수 등 다양한 분야의 지식과 깨달음을 알아듣기 쉽게 나에게 전달해주셨다. 덕분에 삶을 대하는 자세도 달라졌고, 상담을 한 차원 높게 올리는 계기가 되었다. 또 원장님과의 인연으로 다양한 사회 저명인사와 여러 분야의 고수 등 수십 명의 귀인들을 만날 수 있었다. 덕분에 10년 걸려야 알 수 있는 것들을 1년 만에 터득하는 행운을 누렸다. 이렇게 **귀인을 만나면 운에 가속도가 붙거나 다른 방향으로의 문이 열리기도 한다. 마치 인생에 필요한 종합선물세트를 받는 것과 같다.**

귀인을 만나려면 내가 어떤 귀인을 만나야 하는지를 아는 것이 우선이다. 귀인의 유형은 다음과 같다.

1. 내게 필요한 것을 줄 수 있는 귀인
   * 필요한 것의 예: 돈, 기술, 지식, 물건, 취업, 계약 성사 등
2. 내게 필요한 것이나 사람을 연결해줄 수 있는 귀인
3. 생각지 못한 해결책을 제시해주는 귀인
4. 내가 올바른 방향으로 갈 수 있게 조언을 해주는 귀인
5. 나를 마음으로 걱정해주고 아껴주는 귀인

내가 만나야 할 귀인이 어느 유형에 속하는지 알았다면 그이의 모습을 보다 구체적으로 적어보는 것도 좋다. 기독교인들이 '배우자 기도'를 한다는 얘기를 들어봤을 것이다. 내가 원하는 배우자 유형을 자세히 쓰고 매일 그런 배우자를 만나기를 기도하듯 '귀인 기도'를 해보자. 우리 눈에는 보이지 않는 주파수가 발생하면서 그런 귀인을 나에게로 끌어당겨줄 것이다. 또한 이렇게 머릿속으로 내가 만나야 할 귀인의 모습을 항상 머릿속으로 그려보면 그 귀인이 실제로 나타났을 때 그냥 스쳐 지나가는 일을 막을 수 있다.

오랜 시간 나는 초능력을 갖고 싶다고 갈망했다. 그러던 중 어느 날 아버지가 한 친구 분 얘기를 들려주셨다. 그분은 규모가 제법 큰 세탁소를 30년 정도 하셨는데 어떤 깨달음을 얻고 난 뒤로 무료로 아픈 사람들을 위해서 기도해주시기 시작했고, 실제로 그 기도 이후에 낫는 경우가 많았다는 것이다. 나는 아버지를 1년간 졸라 그분을 직접 찾아뵙게 되었다. 그분은 나를 보자마자 반가운 미소를 지으셨다.

"내가 며칠 전에 내 친구 아들 회도를 한번 보면 좋겠다고 생각했는데, 자네가 이렇게 찾아오니 신기하네. 악수 한번 하게나."

그리고 나서 아버님 친구 분과 악수를 하는데 팔의 혈관 안으로 전기 같은 게 쭉 밀려오는 느낌을 받았다. 그런 느낌의 악수를 한 2~3분 정도 길게 하셨다.

그분은 '나여'라는 호를 쓰고 계셨다. 나여 선생님은 지난 30년 간 사람들의 더러워진 옷과 이불을 깨끗하게 빨아주는 일을 하셨는데, 이제 남은 생은 사람들의 영혼을 깨끗하게 만들어주는 일을 하기로 결심하셨다고 했다. 일종의 '영혼세탁소'라고 할 수 있겠다. 지금까지 나여 선생님은 수백 명을 악수와 기도로 치유해주셨고, 그 과정에서 기적 같은 일들도 상당히 많이 있었는데 놀라운 것은 이 모든 일을 무료로 하고 계셨다.

당시 내가 나여 선생님을 찾아뵙고 싶었던 이유는 결혼을 해서 아이를 갖고자 노력하는 중이었는데 아이가 생기지 않았기 때문이었다. 나여 선생님은 꿈을 통해서 메시지를 받으시는데 내 고민을 들으시더니 일단 무엇을 걱정하는지 알았으니 기다려보라고 하셨다. 며칠 후 나여 선생님으로부터 연락이 왔다. 선생님은 꿈에서 계시 받은 비책을 나에게 알려주셨고 우리 부부는 선생님이 알려주신 바대로 그대로 실행하고 결과를 기다렸다. 이후 시험관시술을 시도한 지 한 번 만에 첫째 아이가 우리에게 와주었다. 감사 인사를 드리러 나여 선생님을 다시 찾아뵈었을 때 선생님께서 이렇게 말씀하셨다.

"내가 회도를 위해서 호를 하나 주고 싶은데, 혹시 원하는 게 있을까?"

"나여 선생님처럼 초능력을 갖고 싶습니다. 그것을 가능하게 만들어줄 수 있는 호가 있을까요?"

이후 나여 선생님은 나를 위한 기도를 해주셨고 며칠 후 꿈을 통해 나의 전생을 보았다며 이런 메시지를 주셨다.

'기도를 통해 꿈에서 본 결과, 이번 생에 초능력을 갖는 것은 어려울 것으로 보였습니다. 꿈에 선녀가 나타나 발끝으로 남자들을 유혹하다가 이곳으로 오게 된 것으로 보였습니다. 맑은 영혼을 갖고 있고 고운 사람입니다. 호는 현존으로 하라는 계시가 보였습니다. 현존, 현존, 현존.'

그날 이후로 나여 선생님은 친구 아들이지만 나를 현존이라고 불러주신다. 그리고 얼마간의 시간이 지나서 찾아뵈었을 때는 나에게 큰 수정 구슬을 선물로 주셨다.

"현존은 맑은 영혼을 갖고 태어났다. 이 티 없이 맑은 수정 구슬과 같은 마음으로 힘든 사람 있으면 도와주거라. 살다가 내 것이 아닌 것에 욕심이 날 때면 이 수정 구슬을 보면서 맑은 영혼을 유지하도록 하고. 전생에 선녀였으니 항상 외모도 단정하고 깨끗하게 하고 다녀라. 그러면 돈을 쫓지 않아도 자연히 돈이 들어올 것이고, 존경받는 사람이 될 거다."

그 뒤로 나는 현존이라는 호를 쓰고 있다. 나중에 알게 되었지만 '현존'은 '현재에 존재하는 것'을 오롯이 느끼는 상태를 말한다. 그야말로 존재 자체에 감사함을 느끼는 것이니 궁극의 깨달음인 셈이다. 호를 받고 나서 나는 내 소명을 정의하게 되었다.

'내가 타고난 영혼 에너지로 세상의 빛이 되는 사람이 되자. 그것이 어두운 동굴 속 작은 촛불 하나가 될지, 망망대해의 등대가 될지는 모르겠지만 세상을 밝게 만드는 사람이 되자.'

이렇게 귀인을 만나면 내 소명을 찾을 수도 있다. 혹시나 이 책을 보고 나여 선생님을 꼭 한 번 뵙고 싶다는 생각을 하신다면 안타깝지만 이제는 어려운 일이 되었음을 말씀드린다. 선생님께서는 그동안 많은 기도를 하신 탓에 에너지가 소진되어 더 이상 사람들을 만나지 않으신다. 하지만 당신이 간절히 원한다면 당신에게 도움을 줄 수 있는 다른 스승님을 만날 수 있을 것이다. 스승은 제자가 준비되어 있을 때 찾아오는 법이다.

운이 좋다면 노력 없이도 귀인이 먼저 올 수도 있고, 그들이 아무 조건 없이도 날 도와줄 수도 있다. 하지만 귀인을 만나는 가장 쉬운 방법이 있다. 내가 귀인에게 해줄 수 있는 무언가를 갖추는 것이다. 아무리 대단한 사람에게도 부족한 무언가가 있다. 그들을 지켜보며 그들에게 도움이 필요할 때 먼저 손을 내밀어라. 내가 귀인에게 뭔가 해줄 수 있는 것이 있다면 귀인을 더 빨리 만날 수 있다.

불가능을 가능케 하는
기도

운명을 바꾸는 천지인의 노력 중 하늘을 움직이는 것이 있다. 바로 '기도'다. 종교와 상관없이 기도는 지구게임에서 불가능한 일을 가능하게 만들어주는 힘이 있다. 그것도 최소한의 돈과 시간을 투입해서 말이다. 실제로 내가 그간 만났던 부자나 정치인들은 큰일을 앞두고 꼭 기도를 올렸다. 그 방법이 개인의 믿음에 따라 교회, 절, 무속인, 명상 등 다양하기는 하지만 이들은 공통적으로 기도의 중요성을 알고 있었다. 기도의 근거나 원리에 대해서는 이미 많은 책들에 소개되어 있다. 하지만 기도의 원리를 아는 것보다 더 중요한 것은 내가 소망하고 바라는 바를 기도했을 때 그에 대한 응답이 있으리라는 믿음이다.

나는 항상 가지고 다니는 수첩의 맨 뒤에 연도별로 목표한 바를 적어둔다. 이때 목표하는 바는 꼭 구체적으로 적는다. '2020년, 부자가 된다', '2021년, 꿈을 이룬다' 등으로 쓰는 것은 추상적이다. 구체적으로 쓰는 것과 동시에 '12월 30일, 유튜브 타로마스터 정회도 채널 구독자 20만 명 돌파함', '2021년, 정회도 〈운의 알고리즘〉 베스트셀러 종합 1위 달성 성공'처럼 목표가 마치 이미 이루어진 것처럼 쓴다. 지금까지 소망을 적고 기도한 일들의 결과를 살펴보면, 성취한 시기가 조금 늦어졌거나 중간에 다른 목표의 성취로 인해 일부 수정은 된 것은 있을지언정 이루어지지 않은 것은 없었다. 내가 수첩 뒤에 적은 모든 목표들은 만족할 만큼 성취되었다.

기도가 힘을 발휘하기 위한 세 가지 비밀이 있다.

첫째, 기도하는 사람의 공력이다. 이것은 후천적으로 수행이나 공부를 통해서 만들어지기도 하지만, 나는 선천적으로 타고나는 것이 크다고 본다. 속된 말이지만 '기도발'이 센 사람이 있다. 야구로 비유하자면 에이스 투수에게 정확하게 스트라이크존에 강속구로 던질 수 있는 특급 투구가 있듯이 '특급 기도'가 있다.

특급 기도란 사람의 소망을 정확히 포착해서 깨끗하고 강력한 주파수로 우주 공간에 쏴주는 기도다. 주로 무속인이나 종교인 중에 기도 공력이 높은 사람들이 많다. 하지만 타고나는 바가 크기 때문에 종교나 신앙과는 전혀 관련 없는 직업에 종사하는 사람들 중에도 높은 기도 공력을 가진 사람이 있기도 하다. 다만, 자신이 그 사실을 잘 모를 뿐이다.

기도 공력이 높은 사람은 꿈이 잘 맞거나 특이한 꿈을 종종 꾸고, 직감이 잘 맞아떨어진다. 내가 그동안 만난 고수들은 꿈이라는 매개체를 통해서 많은 기적들을 만들어냈다. 꿈은 다른 차원의 에너지에 접속하는 통로다. 영화 〈매트릭스〉가 다른 차원에 가닿는 모습을 영상으로 정말 잘 표현했다. 다른 차원에 접속하면 미래에 일어날 일을 미리 엿볼 수도 있고, 기도가 우주의 알고리즘에 가닿으면 현실세계에서는 기적이라 불리는 일이 일어나기도 한다. 이런 일들은 현재 과학적으로 명쾌하게 설명할 수는 없다. 그래서 어떤 이들은 미신으로 치부하기도 한다. 그러나 나는 이것이 백년 후 또는 천년 후엔 과학이라고 불리게 될 초과학이라고 생각한다.

둘째, 타인이 나를 위해서 기도해주는 것이다. 내가 나를 위해 하는 기도도 물론 효과는 있다. 하지만 타인이 나를 위해서 진심으로 기도해줄 때, 그 힘이 더 강력하다. 기도가 주파수를 우주 공간에 보내는 것이라는 점을 생각해보면 내가 나를 위한 기도는 운동거리가 짧다고 볼 수 있다. 새총으로 비유하자면 10센티미터만 당겼을 때와 30센티미터를 당겼을 때 총알이 나가는 거리의 차이라고 보면 된다. 타인이 나를 위해서 기도해줄 때는 원거리에서 주파수를 쏴주기 때문에 더 강력하기도 하고 많은 공간에 에너지를 남겨줄 수가 있다. 여기서 중요한 포인트가 있다. 바로 진심이다. 타인이 나를 위해 얼마나 진심으로 기도해주느냐가 중요하다.

만일 나를 진심으로 사랑하고 잘되기를 바라는 사람이 기도를 해준다면 효과는 작게라도 반드시 있다. 옛날에 우리 어머니들은 장독대에 올라가서 그릇에 정화수를 담고 달을 보면서 '비나이다. 비나이다. 우리 아들딸 잘되게 비나이다' 하며 기도했다. 장독대는 장을 맛 좋게 잘 숙성시켜야 하기 때문에 집에서 가장 볕 좋고 바람 좋은 장소에 둔다. 즉, 장독대가 놓인 곳은 터가 좋은 장소라는 뜻이다. 물은 우주에 에너지를 전달하기 위한 매개물질이다. 달은 지구의 에너지를 컨트롤하는 행성이다. 열악해 보이지만 기실 갖출 것은 다 갖춘 상태다. 거기에 어머니가 자식을 생각하는 진심과 정성이 더해졌으니 그 효과는 두말할 필요가 없다.

정리하자면, **'기도해주는 사람의 공력 × 진심 = 기도의 효과'**라고 볼 수 있겠다. 기도해주는 사람이 한 명이 아니라 여러 명이라면 그 힘은 더 강력할 것이다. 2002년 월드컵 4강 신화는 누가 만들었을까? 나는 대한민국 5천만 국민의 진심이 담긴 기도가 그와 같은 전무후무한 신화를 만들었다고 생각한다.

누군가에게 진심 어린 기도를 받고 싶다면 그 사람의 영혼을 감동시켜야 한다. 그런데 누가 기도 공력이 높은지 그리고 누가 나로 인해 영혼의 감동을 받을지 여부 등은 미리 알 수는 없다. 따라서 방법은 하나다. 만나는 인연마다 내 쪽에서 먼저 호의를 베풀고 따뜻한 말 한 마디를 건네는 것이다.

나는 2014년부터 타로카드에 관한 강의를 하고 관련된 콘텐츠를 네이버 카페와 블로그를 통해 공유해왔다. 그것을 보고 부산에서 타로상담을 하시는 분이 나를 만나고 싶다며 서울까지 찾아오셨다. 반가운 마음에 내가 그동안 정리해온 자료를 그분께 나눠드렸고, 수업에도 초대해드렸다. 그 후에도 그분이 고민이 있거나 심적으로 힘들어하시면 진심을 담아 상담해드렸다. 그렇게 인연을 이어오다가 어느 날 그분께서 우리 부부가 아이를 갖고 싶어 한다는 것을 알고 함께 기도를 해준다고 하셨다. 그 뒤 시간이 다소 흐르고 그분으로부터 연락이 왔다.

"정회도 선생님, 제가 임신 기도를 해드린다고 하고 그간 연락이 없었죠? 사실은 기도를 하려고 하는데 계속 무릎이 굽혀지지 않아서 절을 할 수가 없었어요. 그러다가 어제 처음으로 창녕에 있는 관룡사의 용선대에서 절이 되더라고요. 아마 선생님께 좋은 소식이 있을 것 같아요."

그 기도는 이경제 원장님의 처방, 나여 선생님의 비책과 함께 합쳐져 덕분에 그다음 달 첫째 아이가 우리 곁으로 와주었다. 그분께서는 내가 나여 선생님으로부터 현존이라는 호를 받은 것처럼 본인도 나여 선생님께 호를 받고 싶다고 하셔서 나여 선생님께 부탁을 드렸다. 나여 선생님은 그분을 직접 만나시진 못하고 이름만 아신 상태에서 꿈을 통해 호를 계시 받으셨다. 그렇게 해서 내려받은 호가 놀랍게도 '천기'였다. '하늘의 기도'라는 뜻이었다.

천기 선생님은 어떠한 금전적 대가도 바라지 않고 항상 나를 위해서 기도해주신다. 그 덕분에 둘째 아이도 건강하게 우리 곁으로 와주었고, 그밖에 내가 선생님에게 기도를 부탁드렸던 소망들이 거의 다 이루어졌다. 그 후로 원하는 일이 있을 때나 어려움이 있을 때마다 천기 선생님께 기도를 부탁드린다. 나는 그 기도가 이뤄질 것이라는 데 한 치의 의심도 없다. 강한 믿음이 있는 것이다. 한 번은 아내가 나에게 물었다.

"천기 선생님이라는 분은 왜 당신을 위해서 대가 없이 그렇게 기도를 해주는 거야?"

"내가 해줄 수 있는 것을 그분에게 먼저 해드렸고, 거기에 그분의 영혼이 감동했기 때문이야."

내가 천기 선생님께 타로카드를 통해서 조언을 드릴 당시에는 선생님께서 그냥 심적으로 힘든 상태라고만 생각했었다. 정확한 속사정은 시간이 지나고 알게 되었다.

"정회도 선생님이 그때 해주신 말씀 덕분에 저는 지금 살아 있는 거예요. 앞으로 저도 선생님 가는 길에 도움이 될 일이 있다면 언제든 도울게요."

내가 그동안 쌓아온 데이터에 따르면 영적인 레벨이 높은 사람들은 운의 흐름에 더 민감하다. 운이 안 좋은 시기에는 내면 에너지의 충돌로 인해 감정기복이 극단적으로 커지거나 육체적인 고통을 겪는다. 그래서 극단적인 선택을 할 수도 있는데, 천기 선생님께서 그런 순간을 겪고 있을 때 내가 그의 손을 잡아준 것이다. 나의 호의와 따뜻한 말 한마디가 죽을 사람을 살릴 수 있고, 그 사람이 살아서 내가 죽을 수도 있는 위기에 처했을 때 나를 살려줄 수 있음을 다시 한 번 기억하자.

기도가 힘을 발휘하기 위한 세 번째 조건은 바로 믿음이다. 초능력에 관심이 많았던 나는 그와 관련된 공부도 많이 하고 실제로 초능력을 가진 사람들도 여럿 만나보았는데 핵심은 호흡과 믿음, 두 가지로 축약되었다. 호흡의 조절을 통해서 주파수 상태를 조절하면 초능력이 가능하다는 것이다. 믿음 또한 놀라운 힘을 가지고 있다. 성경에서 베드로가 앉은뱅이에게 "나사렛예수 이름으로 일어나 걸으라" 하고 말하며 앉은뱅이를 일으켜 걷게 하는 대목이 있다. 그것은 예수의 12사도 중에 첫 번째 사도인 베드로가 행한 첫 번째 기적이다. 성경에는 성령이 임하셔서 기적이 일어났다고 나와 있다. 그것에 반박할 생각은 없다.

나는 여기에 다른 원인이 하나 더 있다고 본다. 베드로가 내민 손에는 성령이 임하셨기 때문에 앉은뱅이가 일어날 것이라는 한 치 의심 없는 믿음이 있었고, 앉은뱅이가 들어 올린 손에는 예수의 첫 번째 사도인 베드로가 자신을 일으켜 세울 수 있을 것이라는 확고한 믿음이 있었을 것이다. 이 두 개의 믿음의 손이 만나 기적이 일어났다고 나는 생각한다. 나만의 또 다른 가설이 하나 더 있다. 앉은뱅이는 원래 걸을 수 있는 사람인데 어쩌다 잠시 주저앉은 것에 좌절하여 자신이 앉은뱅이가 되었다고 믿었을지도 모른다. 그러나 베드로를 믿고 자신의 본연의 능력을 되찾은 것이다.

초능력자들은 우리 모두에게 물 위를 걷고 벽을 뚫고 손을 넣을 수 있는 능력이 존재한다고 말한다. 단, 스스로 물 위를 걷고 벽을 뚫을 수 있다는 한 치 의심 없는 믿음이 있을 때 가능한 일이다. 기도를 해주는 사람과 받는 사람이 기도에 담긴 소망이 이뤄질 것이라는 믿음을 갖고 있을 때, 비로소 기도는 완성된다. 나는 감사하게도 주변에 나를 위해 진심으로 기도해주는 공력이 높은 분들과 인연이 닿아 있다. 그분들의 기도 덕에 많은 것을 이루기도 했다. 그런 경험들을 바탕으로 나는 기도의 힘을 믿는다. 그래서 나를 위한 기도뿐만 아니라 타인을 위한 기도도 자주 올린다. 누군가를 위해서 진심으로 기도를 해주는 것이 나를 위한 기도를 받는 가장 빠르고 확실한 방법임을 알기 때문이다.

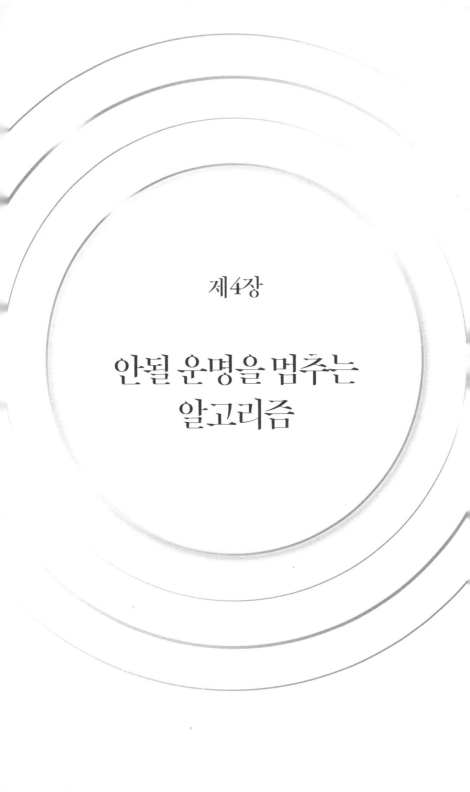

제4장

안될 운명을 멈추는
알고리즘

운의
기회비용

나는 소송을 직접 경험해본 적은 없지만 상담을 통해서 여러 차례 간접적으로 경험해보았다. 내 결론은 소송은 거는 입장이든 당하는 입장이든 휘말리지 않는 게 최선이라는 것이다. 소송이 직업인 소수의 사람 말고는 대부분은 소송 과정에서 보이지 않는 에너지를 많이 소모하게 된다.

  몇 십 년 전의 일이다. 아버지 친구 분 중에 옳고 그른 것을 분명히 가려야만 직성이 풀리는 분이 계셨다. 그분이 공중전화를 쓰려고 동전 투입구에 20원을 넣었는데 뭐가 잘못되었는지 공중전화가 고장이 났다. 아버지 친구는 당시 한국통신을 대상으로 20원을 돌려받기 위해서 소송비로 20만 원을 썼고, 끝내 공중전화 속으로 들어간 20원과 약간의 피해보상비를 받아내셨다고 들었다. 성취감은 있었겠지만, 소송에 들어간 돈과 시간, 에너지를 생각하면 기회비용이 너무 크지 않았나 싶다. 아버지 친구 분께 이렇게 말하기는 죄송스럽지만, 나는 그분의 행동이 미련했다고 본다. 상담을 하면서 제3자 입장에서 보면 이처럼 미련하게 행동하는 경우를 자주 보게 된다. 당사자는 모르겠지만 객관적으로 볼 때는 그렇다.

나의 또 다른 전공은 경영학이다. 경영학은 한정된 자원을 어떻게 최대한의 효율로 쓸 수 있는지를 연구하는 학문으로 경영학의 목표는 최소 투입과 최대 산출이다. 우리에게는 제한된 시간과 에너지가 있다. 여기서 에너지라 함은 돈, 감정, 체력, 운을 통틀어 일컫는다. 이를 얼마나 효율적으로 쓰느냐가 잘될 운명으로 가는 길을 결정한다. 20원을 받아내기 위해서 1년의 시간, 20만 원이라는 돈, 분노라는 감정 그리고 그 외의 체력과 운을 쓴 아버지 친구의 사례는 최악의 경영이라고 봐야 된다.

내가 지금 하고 있는 일이 미련한 행동인지 잘될 운명으로 가는 길인지 판단하기 위해서는 두 가지를 고려해보면 된다. 첫째, 지금 나는 그 일을 위해서 얼마만큼의 시간과 에너지를 쓰고 있는가? 둘째, 그로 인해 내가 얻는 것이 무엇인가?

나는 타로상담을 하면서 가끔 내 상담에 만족하지 못하는 손님을 마주하곤 한다. 그런 분들이 보통 1년에 2~3명 정도가 있는데 내가 부족해서도 아니고, 손님이 이상해서도 아니다. 서로의 주파수가 안 맞을 뿐이다. 앞에서도 한 번 언급했지만, 나는 그런 경우에 솔직하게 말씀드리고 상담비를 받지 않는 것으로 마무리를 해 오고 있다. 나의 그런 대응은 지금까지 큰 문제가 없었다. 제자 분들에게도 프로로 활동하게 되었을 때 비슷한 상황을 맞이하면 나와 똑같이 대응하라고 지도하고 있다. 그러면 제자들이 이렇게 물어보기도 한다.

"선생님, 상담 내용도 다 맞고 친절했는데도 악의적으로 아니라고 하는 손님이면 어떡하죠?"

나는 그래도 무조건 사과드리고 상담비를 받지 않는 것이 정답이라고 대답한다.

나 역시 악의적인 손님을 겪은 적이 있다. 전화로 타로상담을 할 때의 일이다. 어떤 여성 분이 상담 예약을 했고 30분 상담이었지만 한 시간 가까이 이야기를 들어주었다. 상담이 끝날 때쯤 그 여성 분은 "선생님과 연결된 것이 저에게는 올해 가장 큰 행운인 것 같아요"라고 이야기했고 그것으로 상담은 잘 마무리되는 듯싶었다. 하지만 그 여성 분은 그 후로 시도 때도 없이 문자 메시지를 보내거나 전화를 걸어 자신이 궁금한 것을 틈틈이 물어봤다. 헤어진 남자 친구에게 정말 연락이 오는 것이 맞느냐며 확인에 재확인을 계속했다. 추가 상담비 이야기를 꺼내기에도 애매한 상황이었다. 그렇게 2주 정도를 응대하다가 도저히 안 되겠다 싶어서 앞으로 문자나 전화는 그만하셨으면 한다고 정중하게 문자를 드렸다. 잠시 후 답장 문자가 돌아왔다. 일부 과격하고 충격적인 표현이 있지만 여과 없이 그대로 밝혀 적는다.

"돈 받아처먹고 진짜 불친절하시네요. 상담비 환불받고 싶어요."

만일 지금의 나였다면 시도 때도 없이 문자가 올 때 바로 '제가 부족해서 더 이상의 만족은 드리기 어려우니 상담비를 환불해드리겠습니다'라고 메시지를 드렸을 것이다. 그런데 그때는 지금만큼 공력이 쌓였을 때가 아니어서 억울하기도 하고 그 손님이 괘씸하단 생각도 들었다. 그래서 환불도 해드리지 않고 그분의 번호를 수신거부 했다. 그러자 그 손님은 다른 휴대폰 번호로 환불 요청 문자를 보내기 시작했고, 급기야 내가 운영하던 블로그와 카페에 불만 글을 남기기 시작했다. 그 상황을 버티지 못하고 상담비를 환불해드리자 그 후로는 더 이상의 불만 글은 올라오지 않았다. 나는 이 일을 겪은 이후로 전화 상담은 하지 않기로 했다.

감정 에너지와 운은 서로 연결되어 있어서 눈앞에 보이는 것보다 보이지 않는 것의 크기가 더 클 때가 많다. 내 감정이 안 좋거나 불안하면 운도 동기감응 되어서 그 흐름이 바뀐다. 지금 나는 어디에 나의 시간과 에너지를 투자하고 있는지 한번 생각해보자. 누군가를 원망하고 미워하는 데 쓰고 있는 것은 아닐까? 실수를 인정하고 싶지 않아서 방어벽을 만드는 데 쓰는 것은 아닐까?

그렇다면 무례한 사람을 어떻게 상대해야 할까? 나 역시 이 일을 하면서 가끔 무례한 사람을 만나기도 한다. 타로카드를 자동차 키로 누르는 사람, 양해를 구하지 않고 타로카드를 뺏어서 섞어보는 사람, 막무가내로 지금 당장 본인의 상황을 타로카드로

봐달라는 사람 등 무례함의 종류도 다양하다. 살다 보면 이렇게 일방적으로 내 에너지 파장을 깨려고 하는 사람들을 만나게 된다. 즐거운 마음으로 외출을 했는데 모르는 사람이 던진 돌이 나에게 날아온 셈이다. 이 상황에서 하수, 중수, 고수의 대처법은 어떻게 다를까?

하수는 돌에 맞는다. 운 좋게 피했더라도 그 돌을 던진 사람과 싸우러 간다.

중수는 돌을 피하고 돌을 던진 사람과 맞서지 않는다.

고수는 돌을 피할 뿐만 아니라 돌을 던진 사람을 내 편으로 만든다.

돌 던진 사람이 나를 향해서 던진 것이든 잘못 던진 것이든 가장 중요한 것은 우선 내가 아무런 피해를 입지 않는 것이다. 그다음으로 적을 만들지 않는 것이 중요하다. 그런 맥락에서 내가 잘해줬던 것에 대한 보상을 포기하거나 당장 몇 만 원, 몇 백만 원의 손해를 보는 것을 감수하는 것이 현명한 처신일 때도 있다.

안될 운을 가진 사람이나 이미 엎질러진 물 같은 일은 손절하고 귀인이나 잘될 일에 나의 감정과 운을 투자하자. 어떤 선택을 하든지 항상 머릿속으로 운의 기회비용을 생각하자.

운명의 지뢰,
원한

나는 1년에 4~5번 정도 타로카드 수업을 연다. 수업 개강 소식을 올리면 그동안 전국 각지와 해외에서 관심을 가지고 지켜보고 계셨던 많은 분들께서 수업을 신청해주신다. 오전에 수업이 시작되다 보니 지방에서 오시는 분들의 경우에는 그 전날 미리 올라와서 수업이 열리는 장소 인근에서 숙박을 하는 분도 꽤 계신다. 그만큼의 열정과 관심을 가지고 내 수업에 오시는 분들을 만날 때마다 나는 커다란 감사함과 책임감을 느낀다.

어느 기수의 타로 수업에서 있었던 일이다. 수업이 시작되는 첫날이었다. 나는 강단에서 프로젝터와 노트북을 연결한 후 음향을 체크 중이었다. 그런데 뒷문 쪽에서 강의실에 입장하는 수강생을 신청자 명단과 대조하고 체크하던 직원 분이 수강생 한 분과 옥신각신하는 모습이 보였다. 나는 얼른 가서 무슨 일인지 확인해보았다. 직원은 나를 밖으로 데리고 나와 상황을 설명했다.

"선생님, 등록은 한 분만 하셨는데 그분이 남편 분하고 같이 왔어요. 남편은 그냥 옆에 앉아 있기만 할 거라는데… 그래서 현장 결제도 가능하시다고 안내했는데, 앉아 있기만 할 건데 왜 돈을 내야 하냐고…"

"그러면 그냥 그렇게 하시라고 안내해주세요."

"선생님, 그러면 안될 것 같아요. 다른 수강생들이 알면 문제 생길 수도 있어요."

직원의 말이 맞다. 한 명만 영화표를 예매하고 동행한 친구는 그 옆에 앉아만 있을 테니 극장에 같이 들어가게 해달라는 것과 비슷한 상황이었다. 그러나 그 수강생은 이미 그렇게 하고자 마음 먹고 왔다. 심지어 거제도에서 차로 올라온 분이라고 했다.

나는 미래를 예측하는 일을 하다 보니 항상 행동 뒤에 벌어질 시나리오를 미리 펼쳐보는 습관이 있다. 만일 내가 현장 결제를 안 하시면 남편 분은 밖에 계셔야 된다고 말했다고 치자. 참고로 내 타로 수업은 점심시간을 포함해서 총 7시간 동안 진행된다. 아내를 따라 거제도에서 서울까지 올라온 남편은 하루 종일 바깥에 혼자 멍하니 앉아 있는 동안 화가 치밀 것이다. 아내를 원망하고 다음에는 수업에 참석하지 못 하게 할 수도 있다.

상황이 그렇게 되면 그 수강생 본인도 수업을 못 듣겠다면서 환불을 요구할 수 있다. 호감을 갖고 참석을 희망한 수업이었건만 결과적으로는 나를 정말 야박한 사람이라고 생각하게 될 것이다. 거제도로 가는 내내 남편과 함께 정회라는 사람을 욕하면서 내려갈 것이다. 나는 그렇게 한 명 또는 두 명의 원한을 만들게 된다. 나는 그 원한이 나중에 어떻게 나에게 돌아올지 걱정이 된다.

나와 함께 일을 하는 한국소울타로협회 사무국장인 슬기님이 함께 일하던 초반에 나에게 자주 하던 말이 있다.

"정 선생님은 매사에 너무 조심하시는 거 같아요. 어떨 때는 바보 같아요."

하지만 나는 사람의 원한이 두렵고 겁이 난다. 마치 내 앞길에 눈에 보이지 않는 지뢰를 하나 심어놓는 것 같다. 잘될 운명으로 잘 가다가도 매복된 지뢰를 한 번 밟으면 판세가 완전히 뒤바뀐다. 한 명의 사람이 누군가를 잘되게 만드는 것은 매우 힘든 일이나 누군가를 끌어내리는 것은 쉽다. 특히 요즘은 톱스타, 정치인들이 과거에 누군가에게 저지른 잘못 때문에 뒤늦은 대가를 치르는 모습을 자주 보게 된다. 물론 학교폭력이나 성폭력 등 누군가에게 피해나 상처를 입혔다면 응당 그에 상응하는 죗값을 치르는 것이 당연하다.

운의 치트키가 기도라면, 운의 바이러스는 원한이다. 누군가 나를 잘되게 기도해주는 것이 플러스 에너지로 작용한다면 누군가 나를 원망하는 것은 마이너스 에너지로 작용한다. 더 무서운 것은 상대가 나를 향해 품은 원한을 내 삶으로서 다 갚아내지 못하면 내가 사랑하는 사람이 그 빚을 대신 갚아야 할 수도 있다.

원한은 별것 아니라고 생각했던 작은 말과 행동에서 생기기도 한다. 아주 사소한 데서도 원한이 생겨남을 깨우쳐준 일화가 하나 있다. 내가 한국소울타로협회 회원들이 실전 연습을 할 수 있도록 무료 타로상담 오픈 채팅방을 잠시 열었던 적이 있었다. 그때 채팅방에 처음 들어온 한 사람이 이런 질문을 던졌다.

"몇 년 전에 아는 형들하고 밥을 먹는데 그중 한 명이 '너는 밥을 왜 그렇게 깨작거리면서 먹냐?' 그랬어요. 그때 그 형이 왜 그랬는지 알 수 있을까요?"

제자 분들이 처음에는 그간에 배운 바를 바탕으로 친절히 답변을 해주었다. 그럼에도 불구하고 그 사람은 아이디를 바꿔서 계속 채팅방에 들어와 비슷한 유형의 질문을 거듭했다. 그뿐만이 아니었다. 오픈 채팅방에 있는 사람들에게 개별적으로 메시지를 보내서 계속 같은 질문을 하는 것이었다.

"그 형이 그때 왜 그렇게 말했을까요?"

오픈 채팅방 운영에 차질이 생길 정도로 집요함이 느껴졌다. 아마 그 형은 자신이 그런 말을 했는지도 기억하지 못할 것이다. 그러나 그 말을 들은 사람은 몇 년이 지났어도 당시에 받은 상처가 치유되지 않아 결국 원한이 된 것이다. 무심코 던진 돌에 개구리는 맞아 죽는다는 말이 딱 이런 경우다.

만일 나에게 원한을 가진 사람이 한 명이 아니라 백 명이라면 잘될 운명으로 가는 나의 운의 알고리즘에 심각한 오류가 발생할 수밖에 없다. 이를 상쇄하려면 그 누구도 아닌 나 자신을 위해 내

주변의 백 명이 잘되길 기도해주어야 한다. 특히 내가 잘되고 있는 모습은 누군가가 품은 원한이라는 불씨에 기름을 붓는 격과 같다.

다시 앞의 에피소드로 돌아가보자. 나는 남편과 같이 타로 수업을 들으러 오신 수강생에게 돌아가서 이렇게 말씀을 드렸다.

"제 수업에 와주셔서 감사합니다. 남편 분하고 같이 앉아서 수업 들으세요. 다만 교재와 타로카드는 제가 신청 인원수에 딱 맞게 준비한 터라 더 챙겨드릴 수 없으니 두 분이 같이 보셔야 되겠어요. 점심식사는 제가 추가로 준비해드릴 수 있으니까 다른 곳에 가지 마시고 같이 드세요."

그렇게 첫 수업을 잘 마쳤다. 두 번째 수업 때는 남편은 안 오고 수강생 혼자만 오셨다. 짐작하건대 아내가 거제도에서 서울까지 가서 타로카드를 배운다고 하니 남편이 혹시 아내가 이상한 곳에 가는 건 아닌가 싶어 첫 수업 때는 같이 왔던 것 같다. 그런데 첫 번째 수업에서 좋은 인상을 받고 내려갔기 때문에 두 번째 수업 때는 아내 혼자 가도 되겠다고 안심했으리라.

모든 수업이 끝나고 난 후 그 수강생이 내가 운영하는 네이버 카페에 교육 후기를 장문으로 남겼다. 요약하자면 이런 내용이다.

'남편이 정회도 선생님께서 좋은 분 같다고 거제도로 내려가는 길 내내 칭찬했어요. 남편이 반대하는 걸 제가 우겨서 수업을 들었던 건데 제 판단이 맞은 것 같아 어깨가 으쓱했네요. 다음 심화 과정 수업도 기대돼요. 남편이 정회도 선생님 수업은 다 참가해

도 된다고 하네요.'

순간의 선택이 원한을 감사로 바꾼 셈이다. 상대방을 원수가 아닌 내 편으로 만들 수 있다면 당장 내가 조금 손해를 보는 것은 감수할 만하다. 절대 적을 만들어서는 안 된다. 어떤 누구라도 우습게 보거나 가소롭게 생각해서는 안 된다. 그렇게 생각하는 순간 잘될 운명으로 가는 운의 알고리즘은 엉키기 시작한다.

원한과 적을 만들지 않는 간단한 원칙이 있다.

1. '이런 말해도 될까?' 싶을 땐 하지 않는다.

2. 뒤에서 남 이야기를 할 땐 좋은 얘기만 한다.

3. 나랑 안 맞는다 싶으면 상대가 눈치채지 못하게 거리를 둔다.

4. 무시해도 되는 사람은 아무도 없음을 늘 기억한다.

5. 상대방이 손해 봤다고 느끼게 하지 않는다.

내가 원한에 관해 들었던 이야기 중 가장 인상 깊었던 이야기가 있다. 말기 암으로 3개월 시한부 선고를 받은 사람이 나여 선생님께 기도를 부탁했다고 한다. 기도 끝에 꿈에서 나온 비책은 다슬기 한 봉지를 사서 고향의 냇가에 방생하라는 것이었다. 그분은 지푸라기라도 잡는 심정으로 시장에서 다슬기를 사서 방생했고 그 후로 3년 정도 더 살다 돌아가셨다고 했다. 삶을 정리하는 데 3개월이라는 시간은 조금 빠듯하지만, 3년이라는 시간은 훨씬 여유가 있지 않았을까 싶다. 나는 그 비책 덕분에 수명이 늘

어났다고 생각하지만 과학적으로 증명할 길은 없다. 내가 더 궁금했던 것은 후일담이었다.

'왜 하필 고향의 냇가에 가서 다슬기를 방생하라는 비책이 나왔을까?'

후일에 나여 선생님께 자초지종을 여쭤보니 기도를 부탁하신 환자 분이 다슬기를 너무 좋아해서 어릴 때부터 고향의 냇가에 다슬기 씨가 마를 정도로 싹 잡아서 먹었다고 한다. 그 이야기를 듣고 나자 당시 그 환자 분에게 잡아먹혔던 다슬기들이 원한을 품어서 그분에게 암이라는 병이 생긴 것이 아닐까 하는 생각이 들었다.

누군가는 말도 안 된다고 생각할 수 있다. 하지만 나는 다슬기 같은 작은 미물이 원한을 품어도 그 원한이 우주 공간에 에너지로 남아 잘될 운명으로 가는 운의 알고리즘을 끊어버릴 수 있다는 사실이 놀라웠다. 하물며 존재 자체가 소우주인 사람이 원한을 품으면 그 에너지는 반드시 운의 알고리즘에 부정적인 영향을 줄 수밖에 없다.

평탄하게 잘될 운명으로 가고 싶다면 작은 원한이라도 만들면 안 된다. 나의 말, 행동, 글로 누군가가 상처를 받지는 않을지 항상 생각해보자. 원한이 생기는 순간, 평탄한 길 위에 보이지 않는 지뢰나 구덩이가 생긴다.

분노,
운의 알고리즘이 길을 잃다

"최근 기억나는, 분노의 감정을 불러일으킨 일은 어떤 게 있을까요?"

내가 특강을 할 때 청중들에게 종종 물어보는 질문 중 하나다. 보험회사 직원들을 상대로 한 강의에서는 진상 고객 때문에 분노가 일어났다고 하고, 주부들을 대상으로 한 강의에서는 남편이나 시어머니 때문에 분노가 생겼다고 한다.

분노라는 감정은 대개 타인에 의해서 일어나기 마련이다. 보통의 경우 가만히 혼자 커피숍에서 책을 보는 중에 분노가 치밀어 오르지는 않는다. 만일 그렇다면 정신과 전문의에게 갈 것을 조심스레 권한다.

나도 다양한 분야의 많은 사람들을 만나는 일을 하다 보니 사람으로 인해 분노가 일어날 때가 있다. 그중 기억나는 일이 하나 있다. 인천 대부도에서 있었던 창업교육 워크숍 특강에서의 일이다. 때는 화창한 봄날이었고, 특강 장소 바로 근처에 바다도 있었다. 서울을 벗어나 멀리 가는 김에 바람도 좀 쐬자 싶어서 강의 시간보다 일찍 도착해 전망 좋은 카페에 자리를 잡은 뒤 향긋한 커피 한 잔과 맛있는 케이크 하나를 먹고 여유 있게 강의 장소로 갔다. 강연을 듣는 분들의 마음도 나와 비슷했는지 그날의 강의는 화기애애한 분위기 속에서 잘 마무리되었다. 홀가분한 동시에 충만해진 마음으로 담당자에게 인사를 하고 주차장으로 걸어가는 길이었다. 뒤에서 누군가가 나를 불러 세웠다.

"잠깐만요, 강사님. 저 좀 잠깐 보시죠."

20대 중반의 남자 대학생이었다. 강의 종료 후 미처 떼지 못한 가슴의 명찰에는 대표라는 직함이 적혀 있었다. 대학생 창업을 해서 워크숍에 참석한 것으로 보였다.

"네, 무슨 일이시죠?"

그 학생은 잠깐 조용한 곳으로 가서 이야기를 나눌 수 있는지 물어보았고, 나는 그의 요청에 응해주었다.

"강사님, 성향분석을 통한 창업 특강 좋았어요. 그런데 거기에 성공한 창업가들 사례가 들어가면 더 좋을 듯해요."

학생이 들려준 조언은 일견 귀담아 들음직한 부분이 분명 있었지만, 마치 대학 총장님이 아랫사람에게 칭찬과 조언을 해주는 말투였다. 나는 기분이 다소 언짢았지만 어쨌든 내 강의를 좋게 봐주었기에 이런 피드백도 하는 것이라고 생각하며 감사의 인사를 건넸다. 그렇게 짧은 대화를 마치고 발길을 되돌리던 순간이었다. 그 학생이 격려하듯 내 어깨를 감싸고 토닥이면서 이렇게 말했다.

"선생님, 언제까지 타로카드 같은 거 하면서 살 수는 없잖아요. 그렇죠?"

'이 친구가 지금 나한테 뭐라는 거지? 타로카드 같은 거?!'

순간적으로 내 안에서 분노의 감정이 통제할 수 없을 만큼 치고 올라왔다. 몇 년 전 일이건만 이 글을 쓰는 지금도 여전히 그 장면이 생생하다.

분노는 내 안에서 비롯된 감정이지만 크기가 커지면 나를 지배하게 된다. 분노에 지배당하기 시작하면 기름에 불붙듯 걷잡을 수 없게 된다. 이렇게 비유할 수도 있겠다. 어떤 사람이 멋진 오픈카를 타고 애인과 함께 해안도로를 드라이브 하던 중이었다. 그런데 앞차가 무심코 창밖으로 던진 빈 캔에 머리를 맞았고 그 바람에 사고가 날 뻔했다. 운전자는 자신뿐만이 아니라 사랑하는 사람까지 위험하게 만든 앞차에 분노를 느꼈다.

분노가 정점에 다다르면 복수심이 된다. 만일 우연히 빈 캔에 맞아 대형 사고를 당할 뻔한 사람이 복수심에 지배당해서 앞차에게 보복 운전을 하게 되면 어떻게 될까? 그때부터는 그 사람의 운의 알고리즘은 완전히 길을 잃고 그의 앞으로의 삶은 자신도 예측하지 못하는 어디론가 끌려가게 된다. '어디론가'라는 말은 참 무서운 말이다. 앞차 운전자에게 상해를 입혀서 그 죄로 감옥에 끌려갈지, 더 큰 사고로 이어져 목숨을 잃어 저승으로 끌려갈지 모른 채 끌려가는 것이다. 멋진 오픈카, 사랑하는 애인, 해안도로에서의 드라이브. 그가 이 모든 것들을 하나의 장면으로 연출하기까지 얼마나 많은 고생을 했을지 생각해보자. 그런데 분노와 복수심은 이 모든 행복을 단숨에 파괴해버린다.

세상의 에너지의 흐름이 빨라지고 치열해지면서 사람들의 분노 에너지도 급격하게 커지고 있다. 작은 것에 분노하고 복수심에 집착한다. 그렇기 때문에 나의 분노도 통제해야 되지만 다른 사람들의 분노도 주의해야 한다. 인기 연예인, 유명 유튜버, 쇼핑몰 대표 등이 타인의 분노로 인해 하루아침에 많은 것들을 내려놓게 되는 소식을 접하곤 한다. 팬들과 고객들은 이들이 저지른 일에 분노를 느끼고, 분노의 대상이 된 일부 유명인들은 그 분노의 원인을 숙고하고 반성하기보다 분노와 억울함으로 대응한다. 결국 양쪽 다 상처를 입고 상대적으로 가진 것이 많았던 인기인이 많은 것을 잃는 결과로 이어진다.

살다 보면 누군가를 죽이고 싶을 정도로 분노가 일어날 때가 있다. 그때 그 사람을 죽이면 살인의 대가로 감옥에서 많은 시간을 고통 속에서 지내야 한다. 현실에서 살인을 저지르지 않았더라도 마음으로 그 사람에 대한 분노를 품고 있으면 누구보다 나자신이 고통스럽다. 그 사람을 죽이지 말고 내 안에 있는 그 사람의 존재를 점점 작게 만들어 사라지게 하자. 그것이 통쾌한 복수의 시작이자 끝이다. 적은 밖에 있는 것만으로도 충분하다. 내 안에 둘 필요가 없다. 그 후에 상황을 냉정하게 판단하고 때가 되었을 때에 응징해도 늦지 않다. 빈 캔을 창밖으로 던진 앞차의 모습과 차 번호는 나의 멋진 오픈카의 블랙박스에 고스란히 저장되어 있음을 기억하자. 내가 할 일은 잠시 경찰서에 들러서 블랙박스 파일을 제출하고 사건 접수를 하는 것이다.

다시 나의 이야기로 되돌아오자면, 그때 나는 나에게 "타로카드 같은 거"라고 말했던 남학생을 향한 분노를 통제했다. 마음으로 크게 심호흡을 한 뒤, 이렇게 말하고 웃으면서 헤어졌다.

"아이고, 대표님 감사합니다. 이거 제 명함인데요. 혹시 추후에 더 좋은 아이디어가 있으면 명함에 적힌 이메일로 보내주시면 제가 강의하는 데 도움이 될 것 같습니다."

언젠가 이 친구가 내 인터뷰 기사나 방송 출연 영상을 보고 댓글을 달게 된다면 이 정도는 달아주지 않을까?

'제가 예전에 이분을 한번 봤는데요, 정말 괜찮은 사람이에요.'

세상에는 나쁜 사람도 분명 있지만, '아픈' 사람인데 '나쁜' 사람으로 보이는 사람이 더 많다. 나는 그 창업 특강에서 경영학 교수 자격으로 강연을 했다. 그런데 그 남학생은 자신보다 단 몇 살이라도 나이가 많은 전문가가 특강을 하고 가는데 굳이 불러 세워서 조언을 빙자한 막말에 가까운 인신공격을 했다. 처음 만난 윗사람에게도 그럴진대 자신의 친구들에게는 얼마나 함부로 말을 하고 잘난 체를 하는 사람일까? 짐작건대 대부분 그 학생을 멀리하려고 하거나 맞서서 싸울 것이다. 내 기준에서 그 학생은 나쁜 사람이 아니라 아픈 사람이다. 아픈 사람이라 생각하고 그의 행동을 끝내 끌어안아주면 감동하게 되고 내 편이 된다.

분노로 인해 운의 알고리즘이 파괴되지 않도록 브레이크를 장착하자. 그러면 안될 운명으로 가는 폭주를 멈출 수 있다.

인연을
함부로 맺지 마라

내 오랜 단골손님의 추천으로 상담소를 찾은 그녀는 소위 말하는 '엄친딸'이었다. 유복한 집안 출신에다가 미인대회에 출전한 경력도 있을 정도로 수려한 외모에 좋은 직장을 다니고 있었다. 그런 그녀가 나를 찾아온 이유는 사귀는 남자 친구가 바람을 피웠기 때문이었다. 양다리를 걸치다 들킨 남자 친구는 적반하장으로 매력이 부족하다는 등 오히려 그녀를 탓했다. 늘 '예쁘다', '똑똑하다', '대단하다'라는 찬사만 들어온 그녀는 생전 처음 겪는 일로 혼란스러운데다 남자 친구의 오랜 가스라이팅으로 자존감이 무너져 있었다.

"제가 그 여자에 비해 많이 부족한가요? 어떻게 해야 그 사람을 되찾을 수 있을까요?"

"손님한테는 아무 문제가 없어요. 그 사람은 손님이 아니라 다른 여자를 만났어도 바람을 피웠을 거예요. 이 사람과는 인연이 아니니 빨리 잊는 게 좋아요. 더 좋은 인연이 나타납니다."

하지만 그녀는 계속해서 그 사람이 얼마나 대단한 사람인지, 자신이 얼마나 바보처럼 처신했는지 등을 언급하며 나의 조언을 받아들이지 못한 채 상담소를 나섰다. 3개월 후, 그녀에게서 문자가 왔다.

'선생님, 3개월 전 상담했던 ○○입니다. 선생님 말이 맞았어요. 그 사람과는 인연이 아니었던 거예요. 똥차 지나가고 벤츠 온다더니, 정말 저에게 꼭 맞는 짝을 찾아 내일 결혼해요. 주변의 반대가 조금 있었지만 선생님의 조언을 생각하면서 잘 이겨냈습니다. 잘 살게요. 감사합니다.'

문자를 받고 나는 너무나 당황스러웠다. 3개월도 되지 않아 다른 사람과 결혼한다니. 그런 의미로 조언했던 것이 아닌데 당혹스러운 노릇이었다. 그녀의 카카오톡 프로필 사진을 보니 예비 신랑의 얼굴을 확인할 수 있었다. 미남이긴 했지만 인상이 좋지 않았다. 찜찜한 마음을 누르고 축하한다는 답장을 보냈다. 몇 달 후, 그녀가 초췌해진 얼굴로 내게 찾아왔다.

"선생님, 어떻게 이럴 수가 있죠? 그 사람의 학벌도, 직장도 다 거짓이었어요! 타고 있던 외제 차는 렌트카였고, 살고 있던 고급 빌라는 단기 월세였네요. 심지어 상견례와 결혼식에 오신 부모님, 그리고 하객들까지 모조리 대행 알바였어요. 저희 집 돈을 보고

의도적으로 접근한 것 같아요. 어떻게 저한테 이런 일이 벌어질 수 있죠? 흑흑."

한참 동안 눈물을 감추지 못하는 그녀를 진정시키는 데 오랜 시간이 걸렸다. 나는 타로상담을 마친 후 그녀에게 친한 변호사의 연락처를 건네주었다. 상담이 끝나고도 한참 동안 마음이 쓸쓸했다. 왜 슬픈 예감은 틀리지 않는가.

소위 '똥차 가고 벤츠 온다'라는 말이 있다. 어느 정도 맞는 말이지만, 나는 조금 다르게 생각한다. 똥차 가고 '시간이 흘러야' 벤츠가 와도 탈 수 있다고 본다. 똥차를 타고 있었다면 내 몸에도 똥이 묻어 있거나 똥 냄새가 배어 있었을 것이다. 그렇다면 벤츠 운전자 입장에서 나를 태워주고 싶겠는가? 시간이 흘러 내 몸에서 냄새가 완전히 사라지고 몸을 깨끗하게 해야 기대할 수 있고 가능한 일이다.

전 남자 친구와 헤어진 직후 그녀는 인생에서 가장 힘든 시기를 보냈고 자책, 우울, 후회 등 낮은 에너지 파동의 감정들로 가득 차 있었다. **인생의 밑바닥에서 만나는 사람이 좋은 사람일 리 없다. 에너지가 좋은 사람들은 또 다른 에너지 좋은 사람들을 만나려 하기 때문이다. 그래서 상황이 좋지 않을 때는 함부로 인연을 맺기보다는 <u>스스로를 추스르면서 내면의 힘을 회복하는 데 집중해야 한다.</u>**

잘될 운명으로 가는 데 귀인이 중요한 만큼, 안될 운명으로 가는 데 악연이 큰 역할을 한다. 악연 또한 인연이어서 우리를 상대방의 파장으로 끌어당긴다. 처음엔 좋은 인연이었는데 서로의 기대치가 달라서 악연이 되는 경우가 많다. 참으로 불운한 일이다. 반대로 애초에 악연으로 예상되는 인연이라면 무조건 피하는 것이 좋다.

한 연예인이 방송에 나가서 경솔한 발언을 했다. 이 발언은 실시간 검색어에 오를 정도로 이슈가 되었고 많은 악플이 달렸다. 그런데 일부 악플은 그 정도가 심해 인격모독에 가까웠다. 정신적 고통이 심했던 그 연예인은 정의 실현 차원에서 수십 명의 악플러들을 사이버 명예훼손으로 고소했고 끝내 선처하지 않고 벌금을 받아냈다.

일부 악플러들은 자신의 잘못을 반성하며 뉘우쳤지만 일부는 공인인 그가 먼저 말실수를 했고, 자신들의 악플은 표현의 자유라고 주장했다. 그런데 그 연예인이 과도하게 대응해 전과 기록이 생겼고 이로 인해 취업 등에 불이익을 보게 되었다는 것이다. 물론 또 악플을 달면 다시 고소를 당할 테니 더 이상의 악플은 달리지 않았다. 하지만 그들의 원한은 사라지지 않았다.

몇 년 후, 그 연예인이 또 다른 사건에 휘말렸다. 자신이 피해자일 수도 있는 애매한 사안이었다. 하지만 그에게 고소를 당했던 악플러들이 온갖 비난과 선동으로 그를 난타했고 언론은 쉴 새 없이 이를 확대 재생산했다. 그 연예인에 대한 안타까운 마음을 가진 사람들도 적지 않았지만 온라인상에서 비난 여론이 워낙 크다 보니 그는 대중에게 안 좋은 이미지로 낙인이 찍혀 재기하는 데 어려움을 겪었다. 애초에 악연을 맺지 않았더라면 이 정도까지 가지 않을 사안이었다.

물론 누가 뭐래도 잘못한 사람들은 악플러들이다. 하지만 사람은 다 자신의 입장에서만 생각하기 때문에 옳고 그름은 중요하지 않다. 법적 대응을 하거나 직접적으로 악플러와 접촉하게 될 경우, 그 사람과의 인연 고리가 생긴다. 특히나 저 사람을 어떻게든 혼내야겠다는 마음으로 대응하게 될 경우, 파괴적인 업연의 굴레가 시작된다. 서로가 서로에게 업보를 짓게 되는 것이다. 고속도로처럼 씽씽 달려야 하는 대운의 흐름을 타고 있는데 과속방지턱이 계속 나와 앞뒤 차와 부딪히는 형국이다.

내가 아무리 바르게 살아도 악연이 생길 수 있다. 악플 수준이 아니라, 믿었던 이에게 배신을 당하거나, 사기를 당해 전 재산을 잃기도 한다. 이런 억울한 일을 겪고 나서 그 사람을 미워하는 마음이 나를 삼켜버리면 운의 알고리즘이 꼬이게 된다. **그 사람을 미워한다는 것은 그 사람을 계속 생각한다는 뜻이고, 그렇게 되면 그 사람의 파장 아래에 내가 있게 된다. 그래서 부정적인 에너지의 파동들이 충돌해 운의 알고리즘에 오류가 생기는 것이다.**

상황이 좋을 때도 새로운 인연을 맺는 것을 조심해야 하는 것은 마찬가지다. 내가 아는 한 기업체 대표님은 SNS 활동을 왕성하게 하며 적극적으로 네트워킹을 하고, 그렇게 인연을 맺은 다양한 사람들을 초대해 파티를 여신다. 나도 그 파티에 여러 번 가보았는데 다양한 분야에서 성공하신 분들이 오셔서 흥미로운 자리였다. 문제는 이들이 모두 검증된 사람은 아니라는 것이다.

그 대표님께 SNS를 통해 접근한 한 명은 자신이 현재 가장 주목받는 과학기술을 전공한 해외 명문대 출신의 박사라며 스스로를 소개했다. 그리고 그 대표님의 파티를 통해 만난 다양한 인맥들에게 개별적으로 연락해 자신이 하는 사업에 투자를 하라고 권했다. 개중 일부는 신뢰하는 대표님의 소개로 이 박사를 알게 되었으니 맹목적으로 믿고 투자를 했다. 수십 억 원의 투자를 받은 후 그는 해외로 도주했고 피해자들이 그 대표님을 추궁하면서 대표님이 곤란한 처지에 처하게 되었다. 선의로 시작했던 일인데 전혀 생각지도 못한 결과를 맞게 된 것이다.

사람을 소개하는 일은 신중해야 한다. 사람들은 나에게 거는 신뢰를 자동으로 소개받는 이에게도 투영하기 때문이다. 자신이 평생 쌓아온 신뢰와 명예, 나아가서 재산을 보호하려면 검증된 사람만 만나는 것이 좋다. 한 번 맺은 인연은 꼬리에 꼬리를 물고 이어지기 때문에 더더욱 신중해야 한다. 개개인의 파동과 파동이 이어져 내가 그들의 파장 속으로 흡수될 수도 있기 때문이다. 법정스님의 '함부로 인연을 맺지 마라'의 한 구절을 나눈다.

만나는 모든 사람마다 헤프게 인연을 맺어놓으면

쓸 만한 인연을 만나지 못하는 대신에

어설픈 인연만 만나게 되어

그들에 의해 삶이 침해되는 고통을 받아야 한다.

운의 알고리즘
꼬아버리기

2년 동안 승무원을 준비했지만 번번이 떨어졌던 손님이 있었다. 그녀는 같이 승무원 시험을 준비한 친구들이 합격해서 유니폼을 입고 비행을 다니는 모습을 보면서 자존감도 떨어졌고 불안감도 심해진 상태였다.

"이번 하반기에 공채가 있을 예정이라는데, 이번에는 합격할 수 있겠죠?"

타로카드를 뽑아보니 이전과는 다르게 운이 좋았다. 내 예상으로는 합격 확률이 높았다. 그런데 한 가지가 마음에 걸렸다. 타로카드 중에는 하늘에서 내려치는 번개에 타워가 부서지는 장면이 그려진 타워 카드가 있는데 그 카드가 나왔기 때문이다. 타워 카드는 예상치 못한 변수가 일의 향방을 바꿀 수 있음을 암시한다.

"이번에는 합격운이 있어요. 잘 준비하셔서 면접 가세요. 면접 보고 최종 합격하는 날까지 집중하셔야 돼요. 다른 변수를 절대 만들지 마세요."

"정말요? 합격하면 꼭 소식 전할게요."

그해 하반기에 항공사 승무원 공채 모집 인원이 예년보다 많았고, 손님들 가운데 승무원 준비를 하던 분들이 많이 합격을 했다. 합격했다는 문자가 몇몇 손님들로부터 와서 반가웠지만, 정작 연락이 와야 할 사람에게는 합격했다는 문자가 도착하지 않아서 은근히 기다리고 있었다. 합격자 발표 후 2주 정도 지났을 무렵 그 손님에게 문자가 왔다.

'선생님, 저 최종 면접 앞두고 스키장에 갔다가 다리를 다쳐서 면접을 못 갔어요ㅜㅜ. 상담 예약하고 싶은데 언제가 괜찮으세요?'

본인이 지금 어떤 기회를 놓쳤고, 인생의 방향이 어떻게 틀어졌는지도 모르고 'ㅜㅜ'라니… 너무 안타까웠다. 그 손님은 이후에 다른 문제로 나를 다시 찾아왔다.

"선생님, 오늘은 연애 상담 때문에 왔어요. 만난 지 두 달 정도 됐고요. 이 오빠하고는 어떻게 될지 보고 싶어요."

그동안 힘든 연애만 해왔던 것도 상담을 통해서 알았기 때문에 이번에는 좋은 사람이었으면 하는 마음으로 타로카드를 뽑았다.

"지금 만나고 계신 분은 우선 사람이 진중하고 책임감도 있어요. 자기가 하는 일에 전문성도 있어서 직업적으로 성공도 보여

요. 무엇보다 손님을 진심으로 좋아하고 있는 것 같아요. 잘 만나
보시면 좋겠는데요."

승무원이 될 운은 놓쳤지만 연애에서는 좋은 인연이 들어와서
다행이라고 생각했다.

"정말요? 감사해요. 지금 사귄 지 얼마 안 되긴 했지만 결혼 얘
기까지 하고 있거든요. 결혼까지도 괜찮은 거죠?"

"지금으로서는 괜찮을 것 같은데 한번 타로카드를 뽑아볼게
요."

이윽고 3장의 타로카드를 뽑아봤는데 2장은 결혼 카드가 나왔
는데, 한 장이 심상치 않았다. 심장에 칼이 세 개가 꽂혀 있는 그
림이 그려진 3번 칼 카드가 나왔다. 이 카드가 나오면 생각지 못
한 사건으로 갑자기 이별이 오는 경우가 많이 있다. 남녀의 성향
을 봤을 때, 남자보다는 여자가 그런 사건을 만들 가능성이 커 보
였다.

"결혼까지도 좋은 인연이에요. 그런데 혹시라도 남자 친구한테
상처가 되거나 오해 살 만한 말과 행동은 조심하세요."

"네네, 그거야 당연하죠. 그리고 저 이제 승무원 말고 비서를 준
비하려고 해요."

손님은 웃으면서 나가는데 왠지 모를 싸늘한 느낌이 나를 감쌌
다. 몇 달 후 그 손님으로부터 문자가 왔다.

'선생님, 제가 힘들어서 그런데요. 상담 예약 최대한 빨리 될까
요?'

다행히 비는 시간이 있어서 상담을 빨리 할 수 있었다. 그녀는 완전히 녹초가 된 상태로 상담소 문을 열고 들어왔다. 두 사람은 양가 부모님께 서로 인사도 드리고 결혼 이야기를 나누면서 잘 만나고 있었다. 그런데 어느 날, 그녀는 친구의 술자리에 갔다가 전 남자 친구의 이야기를 듣게 되었다. 그날 필름이 끊길 정도로 만취한 그녀는 현재 만나는 남자 친구의 휴대폰 번호로 전 남자 친구에게 보낼 문자를 잘못 보냈다. 상대방의 심장에 칼을 꽂는 일을 한 것이다. 그녀는 그렇게 어이없이 좋은 인연을 떠나보내고 슬픔에 빠져 있었다.

이렇게 운의 알고리즘을 꼬아버리는 손님은 상담하기가 힘들다. 이런 상담을 하고 나면 소위 말하는 '기가 빨리는 느낌'이 든다. 어떻겠든 잘될 운명으로 가는 것이 아니라 기어이 안될 운명으로 가려고 하기 때문이다. 아무리 주변에서 옳은 방향을 알려줘도 혼자 도로에서 역주행을 한다고나 할까? 그녀에게 나는 더 좋은 인연을 만날 거라고 위로의 말을 했지만 정말 그럴 수 있을지는 알 수 없는 노릇이었다.

시간이 흐르고 그녀와 나눈 마지막 상담에서 그녀가 나에게 던진 질문은 이것이었다.

"제가 회사를 그만뒀는데 실업 급여를 받을 수 있을까요?"

이야기를 들어보니 본인이 바로 옮길 수 있는 회사가 있어서 그동안 다니던 회사를 그만두었다고 했다. 그럼에도 회사 대표님이 그동안 고생했으니 실업 급여를 신청할 수 있도록 권고사직한 것으로 처리해주겠다고 했다. 그때 '감사합니다'라고 말하고 회사를 나오면 되었을 것을 바로 다른 회사로 가게 되었으니 그렇게 안 해주셔도 된다고 말하고 회사를 그만둔 것이다. 그런데 이직하기로 한 회사에서 입사를 갑자기 취소하면서 문제가 생긴 것이다. 결국 그만둔 직장에 죄송하지만 다시 권고사직으로 처리해줄 수 있냐고 다시 부탁한 상태였고, 그 부탁이 성사될지 궁금하여 나를 찾아왔던 것이다. 타로카드로 살펴보니 그만둔 회사에서 처리를 못 해줘서 실업 급여를 못 받게 되는 것으로 나왔다. 또한 재취업도 오랜 기간 어려운 것으로 나왔다. 그 후로는 더 이상 상담을 오지 않아 소식을 듣지 못했다.

어른들이 이런 말을 하는 걸 한번쯤은 들어본 적이 있을 것이다.

"지 팔자 지가 꼰다."

나는 어릴 때 이 말이 무슨 뜻인지 몰랐는데 운 상담을 하면서 이해하게 되었다. 가만히 있으면 중간은 가는데 굳이 움직여서 안 좋은 상태로 가는 경우를 가리킨다. 이 또한 '습'이 되는 성질을 갖고 있어서 운의 알고리즘을 꼬아버릇하는 사람은 계속 그런 선택을 한다. 이런 사람들의 특징을 정리하면 다음과 같다.

1. 안 해도 되는 일을 굳이 한다. 소위 오지랖이 넓다고 말할 수 있다.

2. 중요한 일을 앞두고 사소한 것에 집착한다.

3. 이상한 고집을 갖고 있다. 오랜 고민 끝에 최악의 선택을 하는 경우가 많다.

4. 자기 통제가 전혀 안될 때가 있다. (대표적인 예: 과음)

5. 자만에 자주 빠진다. 한 치 앞을 못 본다.

만일 스스로의 과거를 돌이켜봤을 때 운의 알고리즘을 꼬아서 어려운 길을 걸었다면 지금부터라도 정신을 바짝 차려야 한다. 잘못된 자세로 몸의 균형이 틀어지면 운동과 자세교정으로 체형을 바로잡아야 한다. 체형교정은 힘들기도 하고 시간이 오래 걸린다. 교정이 된 후에도 계속 신경 써서 바른 자세를 유지하려고 노력해야 한다. 운의 알고리즘을 꼬는 사람이라면 체형교정을 하듯이 항상 자신의 행동과 선택에 주의를 기울여야 한다. 그래야 잘될 운명으로 가는 운의 알고리즘을 반듯하게 받을 수 있다.

운 나쁜 사람은
가족이라도 피하라

운이 나쁜 사람은 스스로 세운 계획과 해왔던 노력이 발현되지 않은 사람으로 다음과 같은 특징이 있다. 첫째, 자격지심이 있다. 둘째, 피해의식에 사로잡혀 불평불만이 많다. 셋째, 의심이 많거나 타인에게 집착한다. 넷째, 지나치게 예민하다. 다섯째, 과장이 심하고 허세를 부린다.

　운이 나쁜 것에도 두 가지 종류가 있는데 하나는 박복한 사람, 하나는 재수 없는 사람이다. 이 둘이 동일하다고 생각할 수 있지만 차이가 있다. 박복한 사람은 자기 혼자 운이 나쁜 것이고, 재수 없는 사람은 옆에 있는 나의 운까지 나쁘게 한다. 박복한 사람은 피해야 하고, 재수 없는 사람은 도망쳐야 한다.

　박복한 사람들의 특징은 심리적 역전psychological reversal, 쉽게 표현하면 청개구리 심보를 가졌다. 예를 들어 몸이 아파 너무나 괴롭다며 여기저기 병원을 찾아다니면서도 무의식적으로는 이 상황을 즐긴다. 아파야만 가족들이 관심을 가져주고 자신을 챙겨주기 때문이다. 이들에게 불행은 당연한 일이다. 행복하면 뭔가 불편하고 죄책감을 느낀다. 자신이 행복할 자격이 없다는 관점으로 기본 세팅이 된 것이다. 그러니 자꾸 불행한 일들만 일어난다. 정확하게는 의도적으로 불행을 끌어당긴다.

그래도 박복한 사람은 나에게 피해를 주지는 않는다. 재수 없는 사람은 나에게 육체적, 금전적, 정신적 그리고 영적으로도 피해를 준다. 재수財數란 재물이 생기거나 좋은 일이 있을 운수를 말한다. 따라서 재수 없는 사람이란 운이 없어서 나에게 도움이 안 되거나 오히려 폐를 끼칠 위험이 있는 사람이다. 그래서 누군가를 두고 "에이, 그 인간 재수 더럽게 없네"라고 말하는 것은 최악의 평가인 셈이다.

재수 없는 사람들은 만나러 갈 때부터 이상한 조짐이 보인다. 신호가 계속 내 앞에서 걸리거나 주차하려고 할 때 바로 내 앞에서 다른 차가 빈자리를 먼저 차지한다. 계단을 내려가다 넘어지거나 모서리에 찧기도 한다. 만나고 나면 왠지 기운이 축 처지고, 마음이 무거워지고, 머리가 복잡해진다.

우리는 살면서 운이 나쁜 사람을 어쩔 수 없이 만나게 된다. 보통 내가 운이 좋을 때는 주변에 운 좋은 사람만 모이게 된다. 따라서 자꾸 운 나쁜 사람만 만난다면 지금 내 운이 안 좋은 시기인지를 우선 생각해봐야 한다. 운이 좋을 때건 나쁠 때건 운 나쁜 사람을 피해야 하는 것은 변함이 없다.

내가 이런 말을 하면 사람들은 보통 이렇게 말한다.

"에이, 그렇다고 어떻게 사람을 가려 만납니까? 친한 친구고, 선배님인데."

나는 그 무엇보다도 가려야 하는 것이 사람이라고 생각한다. 내가 아무리 운이 좋을 때라고 해도 운 나쁜 사람에게 둘러싸이면 버티지 못한다. 아예 인연을 끊으라는 것이 아니다. 만남의 횟수를 줄이고, 어느 정도 선을 그으라는 말이다. 운이란 굉장히 예민한 것이다. 어떤 하나의 계기로 손상되면 크게 망가진다. 그래서 나는 만나는 사람의 폭이 굉장히 좁다. 운의 소중함과 예민함을 알기 때문이다. 어느 정도의 단호함만 있다면 사람들과의 거리는 자연스럽게 조절할 수 있다.

하지만 운이 나쁜 사람이 가족일 경우, 마음이 아프고 어렵다.

"아버지 보증 빚을 갚느라 결혼은 어려울 것 같아요."

"동생이 이번에 또 사고 쳤어요."

"남편이 또 사업을 시작한다고 하는데 잘되겠죠?"

듣기만 해도 어떤 상황인지 머릿속에 그려지는 말들이다. '내 얘기가 아니라서 다행이다'라는 생각이 들지도 모른다. 하지만 당신이 저 상황이 된다면 어떻게 할 것인가? '이번 한 번만', '나 못 믿어?', '감옥 갈지도 모른대'라는 가족의 말을 듣고도 단호하게 거절할 수 있을까? 쉽게 거절하기 힘들 것이다.

주변을 둘러보면 가족 때문에 인생의 상당 부분을 희생하는 경우를 종종 본다. 방송에서도 가족의 빚으로 고생했다는 연예인들의 이야기를 심심치 않게 만난다. 나도 상담을 하다 보면 이런 경우를 많이 접한다. 성공한 여성 CEO의 하소연이 기억이 난다.

"곳간을 채우면 뭐 합니까? 구멍이 뚫려서 쌓이지를 않는데."

남편이 5년 전 퇴사해서 사업을 하는 바람에 그녀는 그동안 모아놓은 상당한 금액을 날렸고 현재도 재산을 탕진하는 중이었다. 그뿐만이 아니었다. 오래전부터 동생 식구의 생활비, 부모님 병원비 등을 모두 본인이 감당하고 있었다. 이런 경우 어떻게 해야 할까? 스스로 감당할 수 있는 정도의 기준을 확실하게 잡아놓고 가족이라고 해도 절대 그 이상은 해주면 안 된다. 그리고 웬만하면 가족들과 떨어져 따로 나와서 사는 것이 좋다.

사람은 눈에 보이지 않지만 저마다의 기운을 뿜어낸다. 운이 안 좋은 사람은 우울하고 어두운 기운을 뿜어낸다. 그런 기운을 가진 사람과 같은 공간에서 살고 있다면 내 기운도 함께 안 좋아질 가능성이 크다.

"저의 좋은 기운으로 우리 가족을 좋은 운으로 바꿔줄 수 있지 않습니까?"

나의 스승님은 이런 상황을 이렇게 비유하셨다.

'샤넬 향수가 생선 비린내 못 이긴다.'

내가 진심을 다해 노력하면 안 좋은 운을 가진 사람도 바꿀 수 있다고 생각하는 것은 자만이다. 그리고 그것이 가능하다고 해도 그만큼

큰 희생을 해야 하고, 일반적으로 상대는 그렇게 고마워하지도 않는다. 희생한 사람은 상처받고 후회하지만 이미 청춘과 돈은 흘러가고 없다. 그 대신 긍정적인 에너지로 상황을 스스로 극복하려는 사람을 곁에 두고, 닮고 싶은 롤 모델 같은 사람을 따라갔다면 인생은 완전히 달라져 있었을 것이다.

운은 함께 하면 그 크기가 증폭한다. 좋은 운끼리 함께 했을 때도 증폭하고, 안 좋은 운끼리 함께 했을 때도 마찬가지다. 그러므로 만일 스스로가 운이 안 좋다고 느껴질 때라면 더더욱 필사적으로 운 나쁜 사람을 피하도록 해야 한다.

소울 메커니즘

운의 알고리즘을 만들어내는 주체는 세 가지가 있다. 하늘天,
땅地, 사람人이다. 이 가운데 우리가 다룰 수 있는 영역은 사람이
만들어내는 운의 알고리즘이다. 하늘과 땅이 만들어내는 운은 적
응해야 되는 영역이다. 사람의 운은 세 개의 영역으로 나뉜다. 내
가 만들어내는 운, 타인으로부터 오는 운, 두 개의 운의 상호작용
으로 만들어지는 운이다.

사람人의 운의 알고리즘

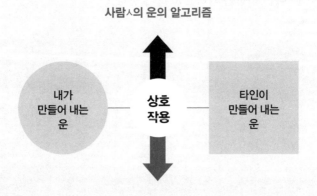

이 세 가지 영역의 복합적인 작용이 사람의 운의 알고리즘을
만들어내는 것이다. 그래서 사람의 운의 알고리즘을 알기 위해서
는 운을 만들어내는 주체인 사람의 메커니즘을 알아야 한다. 사
람은 소울(영혼), 마음(감성), 이성, 육체로 구성되어 있다.

소울은 사람 메커니즘의 근간이 된다. 그래서 소울이 상처입거
나 무너지게 되면 마음, 이성, 육체 모두 영향을 받는다. 병원에서

하는 검진상에서는 문제가 없는데 몸이 아프다면 현대의학으로는 검진이 어려운, 영혼이나 마음이 아픈 상태라고 볼 수 있다. 반대로 육체가 먼저 무너질 경우 물이 점점 스며들 듯이 이성, 마음, 소울도 차츰차츰 무너진다. 진정으로 건강한 상태는 4가지 영역 모두 건강한 상태라고 봐야 한다.

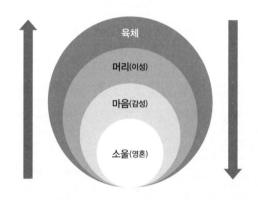

사람이 만들어내는 운을 알기 위해서는 소울의 메커니즘을 알아야 한다. 나는 그 답을 서양철학의 4원소설에서 찾을 수 있었다.

'만물의 근원은 무엇인가?'에 대한 질문에 서양철학의 아버지 탈레스는 '만물의 근원은 물이다'라는 주장을 했다. 이 주장은 엠페도클레스와 아리스토텔레스에게 계승되어 '모든 만물은 4원소로 이루어졌다'는 내용을 골자로 하는 4원소설이 탄생한다. 이후 2,000여 년 동안 서양 문명에는 4원소설이 뿌리 깊게 자리 잡고 있었다. 이후 18세기 화학의 발전은 4원소설 주장에 오류가 있음을 밝혀냈다. 하지만 나는 4원소설은 소울의 에너지를 이루는 구성 원리로 본다면 지금도 여전히 그 의미가 유효한 주장이라고 생각한다.

나는 사람의 소울은 흙, 물, 바람, 불의 에너지로 이루어져 있다고 생각한다. 소울을 만일 마지막 단위까지 쪼개면 이 4가지 원소의 에너지만 남아 있게 되는데 그 구성 비율에 따라 사람마다 만들어내는 에너지가 다른 것이다. 예를 들면 소울이 흙 10, 물 10, 바람 30, 불 50으로 이루어진 사람이라면 불의 에너지를 많이 내보낼 것이다.

타로카드는 에너지를 읽는 도구이고, 서양에서 유래했기 때문에 카드에 그려진 내용들도 흙, 물, 바람, 불을 기반으로 구성되어 있다. 타로카드에서는 'PENTACLES(금동전)=흙', 'CUPS(컵)=물', 'SWORDS(칼)=바람', 'WANDS(지팡이)=불'을 표현한다.

'적을 알고 나를 알면 백 번을 싸워도 위태롭지 않다(知彼知己 百戰不殆, 지피지기 백전불태).'《손자병법》에 나오는 유명한 구절이다. 나와 상대방에 대해서 알고 있다면 최소한 불운은 피할 수 있다. 따라서 무엇보다 소울 메커니즘에 대해 아는 것이 중요하다.

나의 소울을 이루고 있는 원소의 비율을 알아보기 위한 설문지를 작성해보자. 이 설문지는 내가 세계적인 베스트셀러《JESUS CEO》의 저자 로리 베스 존스의 4원소 성향 분석을 참고하여 만든 것이다. 그동안 외부 강연을 통해 약 5천여 명을 대상으로 테스트를 해본 결과 대체로 맞는다는 의견이 지배적이었다.

4원소 성향 분석 테스트

소요시간 약 10분

당신의 4원소 성향을 알아보는 테스트입니다. 이 테스트는 총 열 개의 질문으로 구성되어 있으며, 하나의 질문당 네 개의 문항이 있습니다. 테스트를 하는 방법은 다음과 같습니다. 우선 네 개의 문항 중 자신의 성향과 가장 비슷하다고 생각하는 문항에 4를 체크하고 그다음 가깝다고 생각하는 문항에 3,2,1 순으로 순위를 매겨서 체크하면 됩니다. 즉, 나의 성향과 가장 가깝다고 생각하는 문항이 4점, 가장 다르다고 생각하는 문항이 1점입니다.

| 가장 비슷하다 | **4** | **3** | **2** | **1** | 가장 안 비슷하다 |

이때 1~4까지 한 개씩만 체크합니다. 중복 체크하지 않습니다.

1. 행동

A	체계적이고 침착함	4	3	2	**1**	
B	팀워크를 위해 협조함	**4**	3	2	1	**올바르게 체크한 예**
C	행동보다 말이 앞섬	4	3	**2**	1	
D	즉시 추진함	4	**3**	2	1	

1. 행동

A	체계적이고 침착함	4	**3**	2	1	
B	팀워크를 위해 협조함	4	**3**	2	1	**잘못 체크한 예**
C	행동보다 말이 앞섬	4	**3**	2	1	
D	즉시 추진함	4	3	**2**	1	

1. 행동

A	체계적이고 침착함	4	3	2	1
B	팀워크를 위해 협조함	4	3	2	1
C	행동보다 말이 앞섬	4	3	2	1
D	즉시 추진함	4	3	2	1

2. 성공

A	단계별로 성장하는 것이 중요	4	3	2	1
B	속한 팀의 성공에 기여함이 중요	4	3	2	1
C	인기나 인정받는 것이 중요	4	3	2	1
D	도전해서 성취하는 것이 중요	4	3	2	1

3. 모험(위험 감수)

A	모험보다 계획적인 일처리가 좋음	4	3	2	1
B	모험보다는 편안함이 좋음	4	3	2	1
C	모험을 즐기고 긍정적임	4	3	2	1
D	성취하려는 의지가 강함	4	3	2	1

4. 두려움

A	작은 실수도 두려움	4	3	2	1
B	사람들과의 갈등이 두려움	4	3	2	1
C	사람들의 무관심이 두려움	4	3	2	1
D	영향력의 상실이 두려움	4	3	2	1

5. 분노

A	화가 나면 최대한 자제함	4	3	2	1
B	화가 나면 쌓아두다 폭발함	4	3	2	1
C	바로 화내고 금방 풀림	4	3	2	1
D	화가 나면 통제를 못함	4	3	2	1

6. 휴식

A	혼자 있거나 독서 선호	4	3	2	1
B	가까운 친구와 대화 선호	4	3	2	1
C	즉흥적인 여행을 선호	4	3	2	1
D	열심히 일하고 미친 듯 노는 것을 선호	4	3	2	1

7. 의견 충돌

A	논리와 근거로 반대함	4	3	2	1
B	간접적으로 반대함	4	3	2	1
C	사람들과의 갈등을 피함	4	3	2	1
D	공격적·직설적으로 반대함	4	3	2	1

8. 권위(규칙과 서열)

A	규칙은 서열에 관계없이 모두 지켜야 함	4	3	2	1
B	마음에 안 들어도 우선 협조함	4	3	2	1
C	규칙과 서열에 얽매이기 싫음	4	3	2	1
D	규칙과 서열을 만들고자 함	4	3	2	1

9. 작업환경

A	정해진 규정에 맞춘 업무 선호	4	3	2	1
B	서로 돕는 부드러운 분위기 선호	4	3	2	1
C	자유롭고 외근이 많은 업무 선호	4	3	2	1
D	도전하고 성취하는 업무 선호	4	3	2	1

10. 소통

A	논리적으로 말하는 편임	4	3	2	1
B	말하기보다 경청하는 편임	4	3	2	1
C	재미있고 유쾌하게 말하는 편임	4	3	2	1
D	직설적으로 말하는 편임	4	3	2	1

이제부터는 답변한 내용을 바탕으로 점수를 계산합니다. 아래는 예시입니다.

1. 행동

A	체계적이고 침착함	4	3	2	1
B	팀워크를 위해 협조함	4	3	2	1
C	행동보다 말이 앞섬	4	3	2	1
D	즉시 추진함	4	3	2	1

2. 성공

A	단계별로 성장하는 것이 중요	4	3	2	1
B	속한 팀의 성공에 기여함이 중요	4	3	2	1
C	인기나 인정받는 것이 중요	4	3	2	1
D	도전해서 성취하는 것이 중요	4	3	2	1

아래의 표에서 '원 점수' 칸에 당신이 체크한 점수를 채워넣고,
칸 오른편에 적힌 숫자를 곱합니다.

	A			B			C			D		
	원 점수	×	=	원 점수	×	=	원 점수	×	=	원 점수	×	=
1	4	x 3	12	3	x 3	9	1	x 3	3	2	x 3	6
	곱한다											
2	4	x 2	8	2	x 2	4	3	x 2	6	1	x 2	2
3~10			더한다									
합산	흙 점수		?	물 점수		?	바람 점수		?	불 점수		?

1~10번까지 각 성향의 점수를 모두 구한 후 합산합니다.

	A			B			C			D		
	원 점수	×	=	원 점수	×	=	원 점수	×	=	원 점수	×	=
1		x 3			x 3			x 3			x 3	
2		x 2			x 2			x 2			x 2	
3		x 2			x 2			x 2			x 2	
4		x 1			x 1			x 1			x 1	
5		x 2			x 2			x 2			x 2	
6		x 1			x 1			x 1			x 1	
7		x 2			x 2			x 2			x 2	
8		x 1			x 1			x 1			x 1	
9		x 3			x 3			x 3			x 3	
10		x 3			x 3			x 3			x 3	
합산	흙 점수			물 점수			바람 점수			불 점수		

합산한 점수에서 가장 높은 값이 당신의 주 성향, 두 번째로 높은 값이 부 성향입니다. 네 가지 영역의 성향 모두 각각의 장단점이 있기 때문에 좋고 나쁜 것은 없습니다. 두 개의 항목에서 동일한 점수가 나온 경우, 그 두 개의 성향을 동시에 갖고 있다고 볼 수 있습니다. 네 개의 항목에서 고르게 점수가 나오는 경우는 통계적으로 3% 정도입니다. 각 성향별 특징을 더욱 상세히 알아볼까요?

흙 Earth

#성실 #침착 #끈기 #고집 #안정추구 #융통성부족

흙의 성향을 생각할 때는 모래나 부드러운 흙을 생각하면 안 된다. 4원소에서 흙은 'Earth(지구, 땅)'라고 표기된다. 그래서 흙의 이미지는 땅이나 단단한 바위를 떠올리는 것이 맞다. 단단한 바위의 이미지를 상상하며 흙의 성향이 만들어내는 에너지를 살펴보자.

기본적으로 흙의 성향인 사람들은 4원소 중에 가장 믿을 만한 사람이다. 어떤 일을 시작하면 성실하게 끝까지 마무리를 하려는 성격이다. 단단하기 때문에 끈기도 있다. 일을 할 때 체계적으로 준비하고, 작은 것 하나도 허투루 넘기지 않는다. 반대로 고집이 세고, 변화를 싫어해서 지나치게 안정을 추구할 수 있다. 원리 원칙을 중요하게 생각하기 때문에 융통성이 부족할 수 있다.

흙의 성향인 사람에게 맞는 일을 보자면 금융인, 법조인, 연구원, 공무원 등을 꼽을 수 있겠다. 만일 직장인이 아닌 길을 선택한다면 한 분야의 전문가로서 프리랜서나 사업을 하는 경우가 맞다. 흙의 성향인 사람이 만일 영업, 행사 진행, 기획과 같은 빠르게 변화해야 하고 임기응변이 필수인 일을 하면 스트레스를 많이 받는다. 땅이 흔들리는 것으로 생각하면 된다.

흙의 성향인 사람과 잘 지내려면?

바위와도 같은 흙의 성향인 사람은 쉽게 마음의 문을 열지 않고 쉽게 설득당하지도 않는다. 하지만 마음의 문을 열면 오랜 기간 신뢰하는 사이가 된다. 설득보다 스스로 생각해서 맞다는 판단이 들면 끝까지 함께 한다. 그래서 흙의 성향을 가진 사람과의 관계는 장기전이다. 고집이 강하기 때문에 바꾸려고 하면 힘든 관계가 된다. 말을 할 때는 내 생각보다는 객관적 사실을 말하는 것을 좋아한다. 말보다는 서류나 숫자를 더 신뢰한다. 행동을 재촉하면 스트레스를 받는다. 자기만의 방식과 흐름이 있으므로 존중해주어야 한다. 기억력이 좋은 편으로 상대가 했던 말들을 잘 기억하기 때문에 말 한마디를 하더라도 주의해야 한다. 기억력이 좋다는 것은 뒤끝이 있음을 의미한다. 단단한 바위에 흠집이 생기면 오래 남는 것과 같은 형상이다.

물Water

#사람좋음 #공감력 #예술성 #우유부단 #귀얇음 #감정기복

물은 어느 모양의 컵에 담아도 바로 그 형태로 변화한다. 물의 성향인 사람은 어떤 환경이나 사람에게도 유연하게 잘 적응할 수 있다. 공감 능력이 뛰어나고 사람 좋다는 이야기를 듣는다. 감수성이 풍부하여 예술적인 감각이 있고 창의성도 있다. 그래서 물의 성향을 가진 이들 중에 예술가들이 많다. 사람의 마음을 움직일 수 있는 능력이 가장 뛰어나다.

　물의 성향을 가진 사람은 기본적으로 사람을 상대하는 일을 하는 것이 좋다. 물의 성향을 가진 사람이 혼자 있다는 것은 고여 있음을 의미한다. 물은 흘러야 한다. 타인을 만나서 에너지를 교류하거나 작품을 통해서 감성과 창의성을 교류해야 한다. 일반적으로 물의 성향을 가진 사람에게 맞는 직업은 서비스업, 교육업, 예술가, 영업 등이 있다.

물의 성향을 가진 사람이 주의해야 할 점은 지금 자신의 주변에 있는 사람이 어떤 사람인지를 체크해야 한다. 물에 빨간색 잉크를 타면 빨간색이 되고 파란색을 타면 파란색이 된다. 주변의 에너지를 그대로 흡수하는 성향이다. 그래서 특히 부정적인 사람을 멀리해야 한다. 자신의 주관을 갖고 휩쓸리지 않도록 해야 한다. 아닌 것은 아니라고 말할 수 있어야 한다. 가장 유연한 원소지만 우유부단함이 단점이 될 수 있다.

물의 성향인 사람과 잘 지내려면?

계산기로 숫자를 먼저 두들겨보는 흙의 성향인 사람과는 달리 물의 마음을 움직이는 것은 공감이다. 성품 자체가 급하거나 까다롭지 않기 때문에 천천히 시간을 갖고 이야기를 나누면서 마음을 움직이면 된다. 무엇보다 선택을 재촉해서는 안 된다. 물이 흐를 수 있게 물길만 열어주고 자연스럽게 흐를 수 있게 기다려줘야 한다. 또한 좋고 싫은 것을 잘 표현하지 않는 성향이므로 먼저 물의 성향을 가진 사람의 마음을 헤아려서 대우해주면 크게 감동하게 된다. 감수성이 풍부한 성향이므로 사소한 말이나 행동에 상처를 받을 수 있다는 것을 염두에 두어야 한다. 진심과 기다림은 물의 성향인 사람들과 시너지를 일으킬 수 있는 태도다.

바람 Wind

#기발함 #유쾌함 #언변좋음 #끈기부족 #산만함 #덤벙거림

바람의 성향을 이미지화 하기는 어렵다. 형체가 보이지 않기 때문이다. 바람을 느낌으로 떠올린다면 가볍고 빠르고 자유롭다. 한마디로 자유로운 영혼의 소유자라고 볼 수 있다. 같이 있으면 유쾌하고 아이디어가 넘친다. 예전의 나의 개그맨 동료들 중에는 바람의 성향을 가진 이들이 많았다. 바람은 어느 장소에나 존재하는 원소로 눈치가 빠르고 임기응변도 뛰어나다. 말을 잘하는 경우가 많아서 방송계에서 활동을 하거나 직장 내에서 행사 진행을 할 수도 있다.

타로카드에서는 칼sword이 바람의 원소를 의미한다. 즉, 바람의 성향을 가진 사람은 칼의 성질인 냉정함, 날카로움, 예민함을 갖고 있다고 볼 수 있다. 상황 파악이 빠르고 생각이 많은 바람의 성향이 칼의 성질로 표현되는 것이다. 내 데이터에 따르면 바람의 성향을 가진 사람은 외모가 샤프하고 깔끔한 이들이 많았다. 바람의 성향을 가진 사람에게는 기획, 마케팅, 영업, 서비스업, 방송 등 새롭고 변화무쌍한 분야가 어울린다. 한 가지 직업보다는 요즘 추세인 N잡러에 가장 적합한 유형이다. 금융인, 공무원, 연구원, 사무직 등의 일을 하면 답답함을 느끼고 실수가 많다. 꼼꼼하게 서류를 보거나 숫자를 계산하는 것에 취약한 면이 있다.

바람의 성향을 가진 사람이 주의할 점은 자신의 특성을 이해하고 도전해야 한다는 것이다. 새로움에 대한 도전 정신과 설렘으로 시작했다가 흐지부지해버리는 경우가 많기 때문이다. 장기적인 일보다는 단기적으로 성과를 볼 수 있는 일에 강하다. 안정적인 삶을 추구하거나 정해진 틀에 맞춰 사는 삶을 살면 안 된다. 차분함이 부족하고 생각이 바람처럼 흩어지기 때문에 메모하는 습관을 갖고 있으면 좋다.

바람의 성향인 사람과 잘 지내려면?

바람의 성향을 가진 사람은 신나고 유쾌한 상황을 좋아한다. 진지하거나 권위적인 상황에서는 도망가려고 한다. 바람의 성향을 가진 사람과 함께 하고자 한다면 기분 좋은 말로 유쾌하고 밝은 분위기를 유지하는 것이 핵심이다. 반면에 구속하려고 하거나 압박감을 주면 회피하거나 실수가 많아진다. 또한 바람의 성향을 가진 사람은 말이 앞서고 꼼꼼하지 못하며 끈기가 없다는 것을 인지해야 한다. 틈틈이 일의 진행 과정을 체크하고 동기부여를 해주어야 한다. 바람의 성향을 가진 사람과 잘 지낸다면 그가 모임 내에서 분위기 메이커 역할을 해주거나 기발한 아이디어로 돌파구를 만들어준다. 나보다 높은 위치에 있다면 신나서 끌어줄 수도 있다. 운의 알고리즘에 순풍을 불러일으켜주는 것이 바람의 성향을 가진 사람이다.

불 Fire

#도전적임 #적극적임 #독립적임 #다혈질 #빨리소진됨 #호불호명확

불의 성향을 가진 사람은 에너지 레벨이 가장 높다. 즉시 행동하는 편으로 추진력이 좋다. 전쟁터의 선봉장으로 설 수 있을 만큼 개척 정신과 도전 정신이 강하다. 불같은 성격이라는 말은 불의 성향을 가진 사람을 잘 나타내는 말이다. 한번 탄력을 받으면 스스로도 주체가 안될 때가 있다. 그래서 다른 사람을 지원하는 일을 하기보다는 자신이 주체가 되어서 일을 벌이는 경우가 많다. 창업 특강이나 CEO 특강을 가서 참가자들의 성향 분석을 해보면 평균적으로 절반은 불의 성향을 가진 사람들이었다. 흙과 물의 성향을 가진 사람이 수비수나 미드필더라면 불의 성향을 가진 사람은 공격수다. 주인공이 되기를 원하고 인정받고자 하는 욕구가 아주 높다. 자존심이 강해서 무시당하는 느낌을 받으면 전사가 된다. 승부욕이 가장 강한 유형이라고 봐야 한다. 마라톤 선수는 아니고 단거리 선수다. 순간 집중력과 폭발력은 좋으나 끈기는 부족하다.

불의 성향을 가진 사람에게 맞는 일은 프로젝트성 일이다. 마감 기한이나 목표가 정해져 있어야 전력 질주하고 성취감과 인정을 얻는다. 일을 마친 뒤에는 에너지를 회복하고 다시 또 전력 질주 하는 것이다. 구체적인 직업으로는 창업, 건축업, 컴퓨터 프로그래머, 운동선수 등이 있다. 에너지가 넘치는 사람이기 때문에 여유롭고 안정적인 일을 하면 오히려 병이 난다.

불의 성향을 가진 사람은 욱하는 성격을 통제해야 한다. 화가 났을 때, 확신이 가득할 때, 신이 났을 때 언제든 한 번 더 생각하고 조절하는 습관이 필요하다. 그리고 성격이 기본적으로 급한 편이다. 바로 결과나 응답이 없을 때는 참기가 힘든데 상대방의 상황도 고려해주면 좋다. 어쩔 수 없이 싫은 사람과 함께 해야 할 때는 너무 표시가 나지 않도록 신경 써야 한다. 넘쳐나는 열정이 로켓 엔진이 될 수도, 폭탄이 될 수도 있으니 주의해야 한다.

불의 성향인 사람과 잘 지내려면?

불의 성향을 가진 사람은 상대방을 이분법적으로 인지하는 경향이 있다. 적 아니면 동지다. 잘 지내고자 한다면 당연히 동지로 인식되어야 한다. 불의 성향을 가진 사람이 가고자 하는 방향에 반대한다면 적으로 인지할 것이다. 만일 상사가 불의 성향을 가진 사람이라면 독단적인 면이 있으므로 말대꾸를 하면 안 된다. 만일 아랫사람이 불의 성향을 가진 사람이라면 일방적으로 지시해서는 안 된다. 목표를 명확히 주고 그에 따른 현실적인 보상을 제시해야 한다. 그러면 자기만의 방식으로 목표 달성을 해온다. 말을 길게 하는 것을 싫어하고 상대방의 말을 오랫동안 집중해서 듣지 못한다. 요점부터 먼저 말하고 바로 행동하는 게 좋다. 요약하자면 도전, 동기, 성취, 보상, 이렇게 기억하면 된다. 불의 성향을 가진 사람이 내 편이 되면 천군만마를 얻은 셈이다. 운의 알고리즘에 로켓을 다는 격이다.

4개 원소는 각각 장단점이 있다. 완벽한 사람도, 못난 사람도 없다. 아직 사람에 대해 잘 모를 뿐이다. 나와 상대에 대해서 제대로 알고 나면 상대의 빛이 나의 운의 알고리즘을 명확하게 해준다. 그 시작은 소울 메커니즘인 흙, 물, 바람, 불을 아는 것이다.

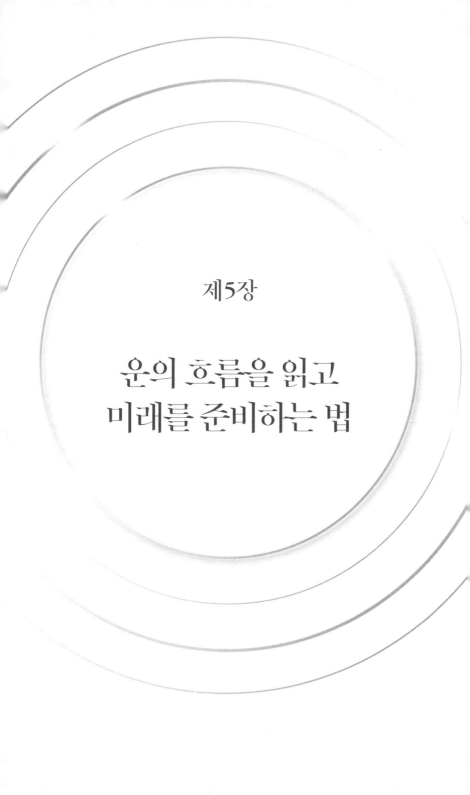

제5장

운의 흐름을 읽고
미래를 준비하는 법

운을 공부하게 된
운명

갓난아기 때부터 태열로 고생했던 나는 중학생이 되면서 아토피 피부염이 더욱 심해져 피부과에 주기적으로 가게 되었고 고등학생이 될 무렵에는 누가 보아도 걱정스러운 단계에 이르렀다. 고1 여름방학이 시작되던 날, 어머니는 방송에서 봤다는 한의원에 가자고 하셨다.

"회도야, 이번 방학 때 아토피 피부염을 한번 고쳐보자."

아들이 피부병 때문에 공부에 집중하지 못하고 콤플렉스를 갖고 있는 것이 어머니에게는 항상 마음의 짐이었다. 그래서 넉넉하지 못한 형편이었지만 어머니는 큰 결단을 하시고 비싼 한약을 지어서 먹이셨다. 한약을 먹고 일주일이 지났을 무렵, 온몸이 가렵기 시작했다. 표피층 아래까지 가려워서 온 힘을 다해 긁어야 했다. 그 후로 1년 동안 나아질 거라는 한의사의 말만 믿고 한약을 먹었지만 내 상태는 좋아지지 않았다. 특히 밤이 되면 증세는 더 심해졌고 그때마다 어머니는 나의 손을 붙잡았다.

"그만 긁어. 피나고 있잖아."

"알지도 못하면서 그런 소리 하지 마! 엄마 때문에 이렇게 됐잖아!"

"엄마가 주물러줄게. 조금이라도 눈 붙이고 자."

매일 밤 지쳐 새벽에 겨우 잠이 들었다가 눈을 뜨면 내 손은 피로 물들어 있었다.

'하… 오늘 하루를 또 어떻게 견딜까…'

내 삶은 완전히 망가졌고, 학교를 나갈 수도 없었다. 어머니가 나의 눈치를 보며 말했다.

"오늘은 학교 가서 출석 체크해야 돼."

"고등학교 졸업해서 뭐 해! 내 인생은 어차피 끝났는데…"

학교에 가야 하는 날마다 나는 화를 내면서 등교했다. 학년 이수의 최소 기준인 1년에 80일만 겨우 넘겨 출석했다. 나의 아픔과는 무관하게 시간은 여느 때처럼 흘러갔다. 하루하루 버티기 힘들어 극단적인 생각까지도 했던 고2 어느 날, 오랜만에 교실 문을 열고 들어갔는데 교탁 앞 책상 위에 국화꽃이 쌓여 있었고 담임 선생님께서 무거운 표정으로 말씀하셨다.

"자, 다들 운동장으로 나가자."

나는 영문도 모르고 반 친구들 무리에 섞여 터덜터덜 운동장으로 걸어 나갔다. 서늘한 가을 날씨에 부슬비가 내리고 있었다. 정문 쪽에서 버스 한 대가 들어와서 운동장을 한 바퀴 돌더니 우리 앞에 멈춰 섰다. 몇몇 친구들이 눈물을 흘렸다. 버스의 앞문이 열리고 반 친구의 영정 사진을 든 친구 어머니가 내리셨다. 교통사고로 친구가 세상을 먼저 떠난 것이다. 친구 어머니는 우리를 보시더니 오열하셨다.

'내가 세상을 먼저 떠났다면 우리 엄마가 저렇게 우시겠구나.'

그 후로 며칠 동안 충격에서 헤어나지 못했다. 죽고 싶었지만 죽을 수도 없어 답답한 나날이었다.

고3을 앞둔 겨울방학. 아버지는 수소문해서 생약을 구해오셨다.

'이거 먹는다고 좋아지겠어. 괜히 더 심해지겠지.'

그렇게 나는 매사에 부정적이었다. 하지만 어머니와 아버지의 정성 때문이었을까. 그 약을 먹고 일주일 정도가 지나니 가려움증이 많이 없어졌고, 놀랄 만큼 상태가 호전되었다. 나에게는 기적 같은 일이었다. 변화는 그렇게 시작되었다.

'내 삶을 다시 한번 일으켜 세워보자.'

많이 뒤처졌지만 나에겐 아직 1년의 시간이 있었다. 나는 고3 수험생 기간 동안 단 한 번도 전교 1등을 놓친 적이 없었다. 사람이 정신력으로 3일을 안 자고도 공부할 수 있다는 사실을 그때 알았다. 논술전형 수시에 합격하면서 수능 2등급만 나오면 내가 목표하는 대학을 갈 수 있었다. 수능 날까지 잃어버린 시간을 복구하면서 볼펜을 손에서 놓지 않았다. 그러나 수능 성적표를 받는 날 아침, 나는 차가운 교실 바닥에 주저앉았다. 0.8점이 부족해서 2등급이 나오지 않았다. 얼마 후 신문에는 이런 기사가 크게 났다.

'내년 수능부터 성적 소수점 이하 반올림 제도 폐지'

나는 소수점 제도의 마지막 피해자가 되었다. 고등학교 졸업식 날, 눈물을 참 많이 흘렸다.

대학 입학 후 얼마 되지 않아 군에 입대했다. 한동안 괜찮았던 아토피 피부염이 군 생활 중 재발해 병원을 왔다 갔다 하며 힘든 시간을 보냈다. 군 제대를 몇 달 앞둔 어느 날, 한 후임이 카드를 가지고 있는 것을 발견했다. 포커카드인 줄 알고 빼앗아서 행정반에 가져다주려 했는데, 가만 살펴보니 카드에 다양한 그림이 그려져 있었다. 후임은 이것이 타로카드라며 점을 봐주었다. 내가 뽑은 카드는 당시의 내 마음 상태를 고스란히 반영하고 있었다. 너무 신기했던 나머지, 나는 타로카드를 한번 공부해보기로 했다. 후임이 준 손때 묻은 A4용지 40장 정도 되는 타로카드 설명서를 펼쳤다.

설명서에서 일러주는 대로 '현재 내 마음은 어떤 상태일까?'를 생각하면서 타로카드를 뽑았는데, 남자의 등에 칼 10개가 꽂혀 있는 그림이 그려진 10번 칼 타로카드가 나왔다. 당시에는 타로카드에 대해 잘 모르는 상태였지만 그림으로 매우 힘든 상황을 의미하는 카드라는 것을 직관적으로 알 수 있었다. 더욱 놀라웠던 사실은 타로카드를 섞고 다시 한 번 뽑았는데 두 번이나 연속으로 같은 카드가 나온 것이다. 타로카드는 총 78장이니 같은 카드가 3번 연속해서 나올 확률은 $1/78 \times 1/78 \times 1/78$, 즉 $1/474,552$의 확률이었다.

'내가 정말 힘든 게 맞구나. 아무도 몰라줬는데 타로카드가 알아주네.'

그리고 그날 밤 꿈을 꾸었다. 15년이 지난 지금도 그날의 꿈은 아직도 눈앞에 선하다.

꿈의 배경은 중세 시대 유럽이었다. 산속 오두막에서 사람들이 무언가를 열심히 그리고 있었다. 나는 그들을 위해서 물을 가져다주기도 하고, 심부름도 하는 어린 시종이었다. 제일 높아 보이는 어른이 나의 머리를 쓰다듬어주었다. 꿈이었지만 그 어른이 나를 각별히 아낀다는 느낌을 받았다. 그 어른은 나에게 어떤 물건을 전달하고 오라는 심부름을 시켰다. 심부름을 갔다가 돌아오는 길에 갑자기 철갑 옷을 입은 기사들이 오두막에 들이닥쳐서 사람들을 죽이고 나에게 심부름을 시킨 어른을 끌고 가는 모습을 보게 되었다. 그때의 두려움은 지금도 가끔 악몽으로 나타날 정도로 생생하다.

나는 모두가 떠나고 어두운 밤이 될 때까지 눈물을 흘리며 나무 뒤에 숨어 있었다. 밤이 깊어지자 그제야 오두막 문을 열고 들어갔는데 발밑으로 열쇠가 밟혔다. 그 열쇠는 심부름을 시킨 어른이 계시던 거실 바닥 카펫 아래에 있는 비밀 문을 여는 열쇠였다. 열쇠로 비밀 문을 열자 상자가 있었다. 상자를 열어보니 오래

된 책 한 권과 그림이 그려진 종이 카드 한 뭉치가 있어 이를 손에 쥐면서 생각했다. '이게 타로카드인가 보다.' 그리고 꿈속에서 시간이 빠르게 흘러 내가 그 카드의 그림을 똑같이 그리는 모습이 보이면서 끝났다. 깨어나서 보니 베개가 눈물로 축축했다. 그 후로 지금까지 나는 타로카드를 한 번도 손에서 놓은 적이 없다.

나의 성장 과정은 타로카드 상담가로서 재능과 자질을 개발하는 과정이었다. 타로카드 상담은 눈에 보이지 않는 에너지 파장을 포착해서 읽어내야 한다. 나는 어려서부터 피부에 대한 콤플렉스 때문에 사람들의 시선과 환경 변화에 예민했다. 그래서 오감이 예리하게 발달했고 미세한 변화도 빠르게 포착하는 능력을 키워가면서 성장했다. 나는 사람이 많은 커피숍에서 시끄러운 소음에도 불구하고 각각의 테이블에서 어떤 이야기를 하는지 다 들릴 뿐만 아니라 대화의 맥락도 파악할 수 있다. 또한 나는 가려움을 참으면서 성장했기 때문에 인내심이 그 누구보다 강하다고 생각한다. 운명학 공부는 메시지가 올 때까지 참고 기다리는 것이 핵심인데 나는 강한 인내심까지 갖추고 있었다.

사람의 운명을 다루는 일은 무거운 책임이 따른다. 나의 말 한 마디가 누군가의 운명을 바꿀 수도 있기에 나는 타로카드뿐만 아니라 사주명리, 점성학, 관상, 해몽, 영성, 그리고 심리학, 역사, 종교 등 인문학을 꾸준히 공부했다. 깨달음을 얻기 위해 국내외 곳곳의 스승을 찾아다녔고 산중 암자에서 몇 달간 수행하기도 했다. 맑은 영혼을 유지하기 위해 술 담배도 일절 하지 않고, 게임이나 유흥, 도박 등도 전혀 손대지 않는다. 유일한 취미라면 정신세계, 운명, 영성 분야에 정통한 선생님들을 만나서 이야기를 나누는 것으로 그분들께 많은 깨달음과 도움을 받고 있다. 정치, 경제, 기술 등 요즘 세상이 어떻게 돌아가는지를 늘 연구하고 사람에 대한 공부도 게을리하지 않는다.

타로상담을 본격적으로 시작한 지 얼마 되지 않아 다양한 분야의 손님들이 나를 찾아왔다. 1년이 지날 때쯤에는 청담동에 개인 상담소를 오픈하게 되었다. 여러 사람들의 인생을 면밀히 분석하다 보니 어느 순간부터 일정한 패턴과 흐름이 보이기 시작했다. 그렇게 나의 조언을 통해 위기를 극복하고 대운의 흐름을 타서 잘될 운명으로 가고 있는 분들을 보면 내가 하는 이 일에 정말 큰 보람을 느낀다.

내가 아토피 피부염으로 고통과 좌절을 겪을 때는 왜 나에게만 이런 불운이 내려왔나 싶어 우주를 원망했다. 그러나 그것을 극복하고 돌이켜보니 우주가 나를 운명학자로 키우기 위한 큰 그림이었다는 것을 알게 되었다. 나는 전생부터 타로카드와 인연이 있었고, 이것을 소명으로 삼기 위해 이번 생에 온 것이다.

운이 바뀔 때
나타나는 징조

미래를 예측하는 방법은 크게 두 가지다. 하나는 역술이고 다른 하나는 무속이다. 단순히 비교하자면 역술은 공부를 통한 것이고, 무속은 다른 차원으로부터 메시지를 듣는 것이다. 그래서 영어에서는 무당이나 영매를 'psychic'이라고도 하지만 '중간자'라는 의미에서 'medium'이라고도 부른다. 실제로 이 두 개의 영역은 명확히 분리되어 있지 않다. 무속인들도 역술에 대한 공부를 기본으로 하고 역술인들도 일반적인 수준을 넘기 위해서는 다른 차원의 메시지를 들을 수 있어야 한다.

　무속은 내가 잘 아는 영역은 아니지만 흥미로운 경험이 있다. 내 단골손님 중 원래 회사원이었는데 오랜 시간 신병으로 고생하다 결국 무당이 되신 분이 있다. 그분이 신내림을 받기 직전 타로

상담을 받으러 오셨는데 나는 카드를 보고 신내림을 받아들이는 게 좋겠다고 조언을 해드렸다. 그것이 인연이 되어서 이후 그분의 법당에도 한 번 초대를 받아서 갔는데 그분의 할머니(조상신)께서 내가 그분의 귀인이니 나를 위해 꾸준히 기도하라는 메시지를 주셨다고 한다. 그래서인지 그녀는 나를 위해 기도하고 있다며 가끔 연락을 주었다.

2019년 말, 나는 강의실과 상담실을 구비한 제법 큰 사무실을 얻으려고 몇 달간 강남 일대를 돌아다니며 발품을 판 끝에 정말 마음에 드는 곳을 찾았다. 월세와 관리비, 유지비와 인테리어 비용 등이 원래의 예산을 훨씬 초과하게 되었지만 그만큼 사업을 확장하겠다는 포부를 가지고 새로운 사무실 계약 준비를 순차적으로 진행했다.

사무실을 계약하기 직전, 그녀에게서 연락이 왔다. 서로 근황을 얘기하다 나는 새로운 사무실 계약을 앞두고 있다고 말했다. 가만히 이야기를 듣던 그녀는 사무실이 보이지 않는다며 도리질을 쳤다. 세부적인 계약 조건까지 모두 합의가 된 상태였기 때문에 당시의 나는 그녀의 말이 잘 이해되지 않았다. 그런데 아쉽게도 막판에 사무실 계약이 불발되었다. 사무실을 꾸미기 위해 인테리어 업체로부터 시안까지 받아둔 상태여서 나의 상심은 이루 말할 수 없이 컸다. 그 뒤 사무실을 얻겠다는 의지가 꺾인 채 한두 달이 흘렀고 2020년 2월, 코로나19 사태가 터졌다. 그래서 오프라인 수업을 대부분 취소하고 온라인 수업만 진행하게 되었고, 추진 중이었던 모든 프로젝트는 비대면 방식으로 전환해야만 했다. 사무실을 계약했더라면 큰 손해를 볼 뻔했던 것이다.

날씨를 결정하는 것이 하늘이듯 운의 흐름도 하늘이 결정한다. 비가 온다고 하여 우산을 챙겼는데 비가 오지 않았다고 해서 크게 손해 볼 것은 없다. 하지만 우산 없이 나갔다가 비를 맞으면 중요한 서류가 젖는다거나 옷이 망가질 수도 있다. 지금 하고자 하는 일이 타이밍에 맞는지를 알기 위해 일기예보를 확인하듯 운명학 전문가에게 운의 흐름을 조언받아서 나쁠 것은 없다.

사주나 별자리와 달리 타로카드는 생년월일시를 묻지 않는다. 그보다는 자신이 원하는 그림을 명확하게 그리게 하고 거기에 집중한 순간 그 사람이 뿜어내는 파동에 대응하는 타로카드를 통해 단기간의 운을 읽어낸다. 내가 정한 목적지가 진짜 내가 가고 싶은 곳인지, 같이 가는 사람과는 마음이 맞는지, 가다가 방해물이 나오지는 않는지 등을 예측해보는 것이다. 눈이 올 예정이라면 타이어에 스노 체인을 장착해두는 것이 안전한 것처럼 인생의 중요한 변곡점을 눈앞에 두고 있다면 만반의 준비를 하는 것이 좋다.

요즘은 비대면 상담을 하는 선생님들도 많이 계셔서 전화통화나 이메일로도 상담을 받을 수 있다. 나는 합리적인 상담비를 받으시는 선생님 세 분 정도에게 상담을 받아보기를 권한다. 그러면 이분들이 공통된 이야기를 하는 지점이 나오는데 그것을 참고하면 도움이 된다. 상담은 3년에 한 번 정도 받으면 적당하고, 연말연시에 한 번씩 체크하는 것도 좋다.

상담을 받을 때 주의해야 하는 부분이 있다. 지난 몇 백 년간 우리 조상들은 지도를 보고 목적지를 찾아갔다. 하지만 세상이 변화하는 속도가 빨라지면서 막상 가보면 길이 없어졌거나 새 길이 만들어졌을 수도 있고, 어떤 길은 유난히도 막혀서 그 길이 최선이 아닐 수도 있다. 그래서 이제 우리는 실시간으로 업데이트되는 내비게이션을 참고해 가장 빠르고 효율적인 길로 간다.

우리의 삶 또한 마찬가지여서 예전엔 상상하기 힘들었던 수많은 일들이 가능해지고 있다. 예를 들어 유명인이 되고 싶은데 타고난 운명은 많은 사람들 앞에 서거나 교류하면 위험 요소가 많아서 혼자서 해야 하는 일이 맞는 팔자가 있다고 치자. 30년 동안 계룡산에서 책으로만 공부한 선생님이라면 유튜버, 웹툰 작가, 프로게이머 등 오늘날 새롭게 떠오르는 신종 직업을 몰라 이렇게 말할 수 있다.

"유명인은 안 맞아. 성격도 내성적이고, 사람들 앞에 설 사람이 아니야. 뒤에서 지원해줄 팔자지. 연구원, 번역가, 공무원을 하든가 기술을 배워서 전문직을 해."

그러나 이제 시대가 바뀌어서 얼굴은 나오지 않고 목소리와 타로카드만으로 콘텐츠를 만들거나 손만 보여주면서 요리를 하거나 프라모델을 만드는 콘텐츠로 수십만 명이 팔로우하는 인기 유튜버가 될 수도 있다. 그러므로 상담해주시는 분이 현재의 세상살이에 관한 정보를 실시간 업데이트하고 있는 사람인지 아닌지 잘 살펴보자. 잘될 운명으로 훨씬 더 빨리 갈 수도 있는 방법이 있는

데, 10년 전 지도에 근거한 조언 탓에 먼 길을 돌고 돌아서 갈 수도 있을 테니 말이다.

전문가의 조언을 받지 않고 혼자서 운의 흐름을 읽는 방법은 없을까? 한 업종에서 오랜 기간 종사한 사람이라면 사업상 지금이 어떤 타이밍인지를 본능적으로 안다. 과거부터 쌓인 경험치가 무의식에 새겨져 직관으로 작용하기 때문이다. 이런 경우는 운명학자보다 본인의 직감이 더 맞을 수도 있다. 또한 자기 자신에 대해 잘 알거나 예민한 사람, 소위 말해 '촉'이 좋은 사람 또한 자신을 둘러싼 파동의 흐름이 바뀌는 것을 스스로 느낀다. 운이 바뀌는 징조는 대표적으로 다음의 네 가지로 알아챌 수 있다.

첫째, 하늘의 운이다. 어찌 보면 타이밍이라고 할 수 있다. 하늘의 운이 좋은 쪽으로 바뀔 때는 내가 하려고 하는 일에 사방에서 도움이 들어온다. 생각지도 않게 모든 것이 타이밍에 딱 맞게 돌아가는 것이다. 반대로 뭔가를 하려고 하는데 계속 타이밍이 어긋나고 방해물이 생긴다면 하늘의 운이 안 좋은 쪽으로 변화하고 있는 것이다.

둘째, 땅의 운, 풍수다. 내가 살고 있는 집이나 사무실 또는 가게의 기운인 풍수다. 지금 살고 있는 집으로 이사 온 후로 잘 풀렸는지 잠은 잘 자고 있는지 체크해보자. 만일 운이 좋은 쪽으로 변화하고 있다면 좋은 터인 것이고, 안 좋아진다면 나쁜 터일 것이다. 객관적으로 검토해보자.

셋째, 어울리는 사람들이 달라진다. 운이 좋을 때는 주변 사람들의 일이 잘 풀리고 즐거운 일들이 많아 나에게 무언가를 가르쳐주거나 베풀어주려 한다. 즉, 귀인들이 주변에 모인다. 반대로 나한테 무언가를 가져가기만 하려는 인색한 사람, 맨날 우는 소리 하는 사람, 거짓말만 늘어놓는 사람 등만 자꾸 모인다면 지금 내 운이 안 좋아지는 시점이라고 보아도 무방하다.

넷째, 내가 만들어내는 에너지에서 오는 운이다. 마음이 설레고 신나고 얼굴에 웃음이 많아진다면 운이 좋아지는 중이다. 그런데 요즘 들어 자꾸 짜증이 나고 불안하고 우울하고 얼굴 표정이 어둡다는 말을 듣는다면 운이 좋지 않다는 징조일지도 모른다. 그렇다면 의식적으로 내 마음을 밝고 긍정적이게 만들고 표정도 밝게 지어보자. 그러면 귀인이 오게 되고 귀인의 좋은 운 덕분에 운이 안 좋은 시기를 잘 넘길 수 있게 된다.

하지만 촉이 좋은 사람도 틀릴 때가 있으니 주의해야 한다. 사람은 하고 싶은 일이 있으면 직감적으로 불길하다고 느끼면서도, 이를 무시하고 좋은 면만 보려고 하는 경향이 있기 때문이다. 자신을 둘러싼 운의 흐름을 읽고자 할 때는 객관적으로 자신의 상황을 예의 주시해야 한다.

운은 크게 행운과 불운으로 나뉘지만, 행운을 잡는 것도 복이고 불운을 피하는 것도 복이다. 좋은 대운이 들어왔을 때는 놓치지 말고 퀀텀 점프를 하고, 나쁜 운이 들어왔을 때는 최대한 몸을 사리면 최소한의 노력으로 최선의 방법을 찾아 안전하게 목적지에 도착할 수 있다.

본질을 읽어야
흐름이 보인다

"어떻게 하면 선생님처럼 타로상담을 잘할 수 있어요? 비법을 알려주세요."

나에게 타로카드 수업을 받으러 오신 분들이 가장 많이 묻는 질문이다. 타로상담에는 두 가지 중요한 영역이 있다.

첫 번째 영역은 타로카드를 뽑는 것이다. 나는 타로상담을 할 때 나와 손님 둘 다 카드를 뽑는다. 내가 카드를 뽑을 때는 당연히 온 신경을 집중해서 뽑는다. 손님의 손으로 카드를 뽑을 차례가 되었을 때 나의 역할은 손님이 그 상황에 완전히 몰입할 수 있게 압도해주는 것이다. 그래야 타로카드가 일관성 있게 나와서 해석하기 좋다. 타로카드만 일관성 있게 나올 경우 웬만큼 타로카드 공부를 한 사람이라면 해석을 잘할 수 있다.

타로카드를 집중하지 못한 상태로 뽑았다면 어떤 훌륭한 타로 마스터가 와도 제대로 해석할 수가 없다. 그렇다면 어떻게 해야 나도 집중하고 상대도 몰입할 수 있게 만들까? 답은 절박함에 있다. 내 앞에 앉아 있는 사람을 잘될 운명으로 꼭 가게 만들어주고 싶다는 절박함 말이다. 나는 서정주 시인의 〈꽃밭의 독백〉이라는 시를 좋아하는데 이 시의 한 구절이 이때의 절박함을 잘 표현하고 있기 때문이다.

나는 네 닫힌 문에 기대섰을 뿐이다.
문 열어라 꽃아. 문 열어라 꽃아.
벼락과 해일만이 길일지라도
문 열어라 꽃아. 문 열어라 꽃아.

내 몸의 모든 것을 짜냈을 때 잠깐 틈이 생긴다. 그 틈 사이로 과거, 현재, 미래의 파동이 타로카드에 투영된다. 나는 이것을 우주가 나에게 잠깐 허락한 시간이라고 생각한다. 이 정도의 절박함을 매 상담마다 가질 수 있게 훈련되어야 한다.

두 번째 영역은 뽑은 타로카드의 해석이다. 같은 타로카드들을 보고도 상담사마다 다른 해석을 한다. 그 이유는 보는 시야와 깊이가 다르기 때문이다. 같은 생년월일시의 사주팔자가 다르게 해석이 되는 것도 같은 이유다. 즉, 상담사가 얼마나 넓고 깊게 보느냐가 관건이다. 세상 돌아가는 것들을 다방면으로 알아야만 넓게 보는 눈을 가질 수 있다.

뽑힌 타로카드의 해석은 여러 겹으로 이뤄진다. 카드를 보자마자 그 의미가 바로 읽히는 표면적인 해석과 그 밑에 감춰진 심층적인 의미의 해석이 바로 그것이다. 그리고 거기에서 더 나아가 가장 밑바닥까지 가면 그곳에 본질이라는 것이 있다. 그 본질을 보면 앞서 했던 해석들이 다시 보이고 맥락이 다 맞춰진다. 얼마나 빠른 시간 안에 뽑힌 타로카드가 의미하는 정확한 본질을 들여다볼 수 있는지에 따라 고수인지 아닌지를 판단할 수 있다.

'왜 그럴까? 왜 이렇게 행동했을까? 왜 이런 감정이 올라왔을까?'

본질에 접근하기 위해서는 질문해야 한다. 하나가 보인다고 '아, 이거구나' 하고 결론 지어버리면 안 된다. 나의 상담 비법은 바로 끊임없는 질문이다. 본질을 알기 위한 질문이 습관이 되면 타로카드만 잘 보게 되는 것이 아니라 잘될 운명으로 가게 된다. 마찬가지로 인생에서 깊은 고민을 만났을 때나 어떤 중요한 결정을 할 때는 본질을 보아야 한다. 어떻게 본질을 파악할 수 있을까?

첫째, 집중해야 한다. 본질을 반드시 알고 싶다는 마음 상태를 만들어야 하는 것이다. 이 상태가 되어야 나의 과거와 현재를 냉정하고 자세하게 파악할 수 있고, 미래의 상황도 잠시 스쳐 지나가듯 보게 된다. 타로상담에서 가장 많이 받는 질문 중 하나는 재회와 관련된 주제로 이를 예시로 들어보겠다.

"헤어진 남자 친구한테 연락이 다시 올까요?"

"헤어진 남자 친구에게 다른 여자가 있을까요?"

"제가 먼저 연락하면 전 남자 친구가 받아줄까요?"

이 질문들은 '헤어진 연인과 다시 만나고 싶다'는 바람을 각자 다르게 표현한 것이다. 질문의 본질을 파악했다면 그다음 단계는 이제 다시 만날 수 있는지, 방법은 무엇인지를 찾으면 된다.

이를테면 헤어진 남자 친구가 마지막에 상처 줬던 말, 의심 가는 여자, SNS 상태 메시지 같은 부차적인 것들에 초점을 맞추면 안 된다. 그 대신 내가 원하는 것이 정확히 무엇인지를 알아야 한다. 남자 친구에게 복수하고 싶은 건지, 결혼을 하고 싶은 건지, 다른 여자를 만나는 게 용납이 안 되는 건지 등 자신의 마음에 솔직해야 한다. 이때 슬프고 억울한 감정은 비우고 조용히 눈을 감고 앉아서 집중을 해야 한다. 이 과정은 명상과도 비슷하다.

둘째, 넓고 깊게 바라봐야 한다. 넓게 보기 위한 가장 좋은 방법은 사람들의 의견을 듣는 것이다. 여기서 사람들이란 나를 잘 알고 있는 친구나 가족, 비슷한 경험이 많은 사람, 전문 지식을 가진 사람 정도를 말한다. 영양가 없는 사람들의 의견은 혼란만 가중하니 들을 필요가 없다. 그리고 깊게 바라보기 위해서는 끊임없이 질문해야 한다. "헤어진 남자 친구에게 연락이 올까요?"라는 질문을 받았을 때의 상담을 예로 들어보겠다.

"선생님, 제가 남자 친구하고 헤어진 지 한 달 정도 되었는데 다시 연락이 올까요? 온다면 언제쯤일까요?"

"아, 그리고 지금 혹시 다른 여자가 생겼을까요?"

이렇게 재회 가능성에 관한 질문을 하는 분들은 하나같이 입술이 바싹 마른 채로 절박하게 묻는다. '헤어진 사람한테 왜 매달려?'라고 생각하는 사람은 친구가 이런 얘기를 하면 이렇게 대꾸한다.

"야, 그냥 정리해. 이미 끝났잖아. 더 좋은 사람 만나."

이런 피드백은 상대방과 더 이상 대화하지 않겠다는 의미이자, '네 상황에 나는 관심이 없다'는 표현에 지나지 않는다. 나는 다르게 접근한다. 질문자가 진짜로 원하는 것이 무엇인지를 파악하고자 스스로에게 여러 질문을 던진다.

'정말 연락 한 번만 오면 되는 걸까?'

'직접 얼굴을 보고 이별의 이유만 들으면 되는 걸까?'

'다시 만나서 결혼까지 가기를 원하는 걸까?'

'먼저 이별 통보를 받은 것이 억울한 걸까?'

"다시 연락이 올까요? 온다면 언제쯤일까요?"라는 질문이 어떤 본질에서부터 왔는지 알기 위해서 집중한다. 어디서부터 출발했는가에 따라서 해결책은 전혀 다르다.

위 질문의 경우 그 본질이 '그 사람과 결혼을 하고 싶다'였음을 알게 되었다면, 비로소 그다음 단계의 질문 방향이 결정된다. 우선 주변 사람들에게 던지는 질문부터 달라진다. '그 남자가 나한테 왜 헤어지자고 했을까?', '다른 여자가 생겼을까?'라는 질문을 던질 것이 아니라 '그 사람은 나랑 결혼하고 싶었을까?', '우리가 결혼하면 어떨까?'라고 묻는 것이 애초에 올바른 질문이었음을 알게 되고 그 질문을 붙들고 답을 탐색해 나가는 것이다. 만일 자신을 잘 아는 사람 또는 이 커플을 알고 있는 사람이 이런 질문을 받으면 비슷한 이야기를 해줄 가능성이 크다. 예를 들면 다음과 같은 답을 해줄 수 있을 것이다.

"그 남자는 연애보다 일이 더 중요한 것 같던데."

"남자는 결혼하기에는 아직 경제적으로 준비가 덜된 거 아니야?"

"그 친구 만났을 때 결혼 얘기 하니깐 부담스러워하는 것 같던데."

여기까지 왔다면 이별의 본질도 알 수 있다. 다른 여자가 생겼거나 나에 대한 마음이 식어서가 아니라 결혼이 부담스러워서 헤어졌을 것으로 짐작할 수 있다. 그렇다면 그에게도 사랑의 미련이 남아 있으리라 예측할 수 있고, 후일에 연락이 다시 올 수도, 만나게 될 수도 있겠다고 추측이 가능하다. 하지만 재회 후에 결혼에 대한 부담감으로 인해 다시 헤어질 수도 있다.

나는 타로카드라는 도구를 통해서 앞서 설명한 일련의 과정을 거치며 상담을 하러 온 분이 던질 질문의 본질에 접근하지만, 사실 가장 정확한 방법은 자기 스스로를 직접 되돌아보는 것이다. 대신 내가 제3자의 입장이 되어서 냉정하게 바라볼 수 있어야 한다. 우리가 어떤 상황에 처하게 되었을 때는 단편적으로 그 현상만 볼 것이 아니라 현재의 운의 알고리즘이 어떤 본질에서 비롯되었는가에 초점을 맞추는 연습을 해야 한다. 그러면 사람 사이의 분쟁도 줄어들고, 고난이 닥쳤을 때 최소한의 피해만 입고 빠져나올 수 있다. 무엇보다 마음이 편해진다.

액땜,
큰 고통을 작은 고통으로 막다

중국의 경전이자 점학에서 많이 활용되는 《주역》에서는 인생의 여정에서 만나게 될 길吉, 흉凶, 회悔, 린吝에 대해 말한다. 간단히 보면 길은 얻는 것, 흉은 잃는 것, 회와 린은 걱정과 근심이다. 그렇다면 우리 인생에서 좋은 것은 길吉밖에 없는 셈이다. 네 개 중에 하나만 좋은 일이고 나머지 세 개는 안 좋은 일이다. 물론 음양의 이치로 보면 안 좋은 일 뒤에 좋은 일이 같이 있기는 하지만, 길흉회린 이 네 가지를 단편적으로 보면 그렇다는 말이다.

하루는 낮과 밤으로 나뉜다. 우리 인생도 매일 뒤바뀌는 낮과 밤처럼 운이 좋은 날도 있지만 나쁜 날도 있다. 운이 나쁜 날은 그 징조가 반드시 있다. 다만 관심이 없어서 그 징조를 못 느끼거나, 불운의 징조는 느꼈으나 대수롭게 생각하지 않는 경우가 많다.

이 말은 곧, 관심을 갖고 진지하게 생각하면 운이 나쁜 날의 징조를 알아차리고 피할 수 있다는 뜻이다.

어느 일요일 오전, 친구 집에 물건을 가져다줄 일이 있었다. 친구 집 근처에 거주자 우선 주차구역 공간이 비어 있어서 잠시 주차를 했다. 그런데 물건을 전달해주고 나와 보니 주차위반 과태료 용지가 차 앞 유리에 올려져 있었다. '일요일 오전에 고작 10분 주차했는데…'라고 생각하니 과태료 3만 6천 원이 너무 아까웠다. 다음 일정은 어머니 집에 가서 김치를 받아오는 것이었다. 그런데 급하게 전화를 해야 하는 일이 있어 블루투스 핸즈프리로 통화를 하다가 길을 잘못 들어서게 되었다. 그 탓에 차로 가면 20분이면 갈 거리를 40분이 지나서야 도착했다. 연달아 안 좋은 일이 벌어지니 느낌이 좋지 않았다. '오늘이 그날인가…' 좋지 않은 느낌에 쐐기를 박는 일이 곧 찾아왔다. 어머니에게 받은 김치통을 트렁크에 싣다가 휴대폰이 떨어져서 액정이 깨졌다. '맞네. 그날이군. 운이 나쁜 날.'

그다음 일정은 지인의 아들 돌잔치였다. 그러나 상서롭지 않은 느낌에 돌잔치는 안 가기로 결정하고 다시 집으로 향했다. 내가 꼭 가야 하는 곳도 아니었고, 돌반지는 나중에 따로 줄 수 있었다. 집으로 돌아가는 길에 '나는 지금 이등병이고 뒷자리에는 사단장이 타고 계시다'는 마음으로 최대한 조심스럽고 안전하게 운전했다. 집에 도착해서 문을 닫는 순간까지 방심하지 않았다.

다들 '액땜'이라는 단어를 잘 알 것이다. 액땜은 작은 고통으로 큰 고통을 막는 것이다. 술을 많이 먹고 일어난 아침, 숙취 때문에 문지방에 발을 찧어서 멍이 들었다고 치자. 발이 아파 오늘은 운전을 안 하기로 한다. 그래서 운전했을 경우 일어났을 교통사고를 피하게 되었다면 문지방에 발을 찧은 것이 액땜이다. 작은 불길함으로 불운의 징조를 눈치 채야 액땜이 가능하다. 즉, 액땜은 곧 경각심이다. 경각심을 갖지 못한다면 그것은 그저 고통에 불과하다. 운이 나쁜 날이라고 판단이 되면 일찌감치 집에 들어가는 게 상책이다.

세상의 모든 현상에는 반드시 전조가 있다. 현상이 일어난 뒤 돌이켜보면 그 전조들이 보인다. 연인과의 이별 전에는 눈치 채지 못했던 일들이 이별 후에는 말투부터 행동 하나하나가 이별의 전조였음을 알아차리는 것과 비슷하다. 만일 이별 전에 전조를 눈치 채고 대비했다면 이별하지 않았을 수도 있었으리라.

안 좋은 일이 일어나기 전에도 전조들이 있다. 작고 사소한 것을 잘 살피면 크고 중요한 일을 알 수 있다. 나에게 일어나는 작고 사소한 조짐을 놓치지 않는 것은 운의 알고리즘을 예측할 수 있는 비법이기도 하다. 전조들을 무시하고 무리하게 일을 진행하면 불운이 닥친 후 뼈저리게 후회한다.

내 나이가 이제 30대 후반이고, 두 아이의 아빠임에도 불구하고 어머니는 여전히 내게 밤늦게 돌아다니지 말고 일찍 들어가라고 하신다. 학생 때부터 어머니의 그 말이 무의식 속에 새겨졌는지 나는 지금도 집에 밤 9시를 넘겨서 들어가게 되는 날에는 스스로 마음 한구석이 괜히 불편하다. 그래서 어두워지기 전인 저녁 7시 전에는 가급적 집에 들어가려고 하는 편이다.

부모님들이 자주 말씀하시는 레퍼토리가 있다. '밤늦게 다니지 마라', '술 많이 마시지 마라', '남자 혹은 여자 조심해라.' 우리는 그 말을 들을 때면 '내가 애도 아니고 엄마도 참…' 하며 괜한 걱정을 하신다고 귀를 막는다. 그런데 운명학을 공부해보니 이 말들은 진리였다. 늦은 밤, 술, 이성, 이 세 가지는 공통점이 있다. 바로 욕망을 증폭시키는 것들이다.

늑대가 어두운 밤에 보름달을 보면서 울부짖듯이 늦은 밤에는 무의식의 욕망이 올라오게 된다. 그 상태에서 술을 과음하게 되면 불난 집에 휘발유를 붓는 격이다. 여기에 마음에 드는 이성이 앞에 나타나면 이성을 잃게 된다. 보통은 이 세 가지가 세트처럼 함께 온다. 낮에는 과음하는 경우가 거의 없고 이성 간에 실수할 가능성도 밤보다는 훨씬 낮다. 보통 욕망의 발현은 어두운 밤에 시작이 되니 부모님들이 자식들이 밤늦게 다니는 걸 걱정하시는 게 당연하다.

그렇다면 욕망은 나쁜 것일까? 나는 욕망이 나쁜 것이라고 생각하지는 않는다. 우리는 보통의 인간이기에 당연히 저마다의 욕망이 있다. 그 욕망을 충족시키기 위해 목표와 꿈이 생겨나는 것이다. 그러나 운이 안 좋을 때는 욕망을 조심해야 한다. 욕망은 운의 알고리즘의 진폭을 요동치게 만들 수 있다.

운이 좋을 때는 욕망 때문에 문제가 발생한다고 해도 별문제가 되지 않는다. 하지만 운이 좋지 않을 때 욕망이 통제선 밖을 넘어서면 운의 알고리즘이 나를 음습한 곳으로 끌고 내려간다. 아찔한 일이다. 운이 안 좋은 날, 가장 쉽게 불운을 피할 수 있는 방법은 어두워지기 전에 일찍 집에 들어가는 것이다. 누군가는 이 말을 듣고 이렇게 반문을 할 수 있다.

"만일 그날이 운 안 좋은 날이 아닌데 그렇게 착각한 것이면 어떡해요?"

나는 이렇게 반문하고 싶다.

"건강검진 했는데 아픈 곳 없으면 어떡해요?"

운이 나쁜 날은 그 징조가 반드시 있음을 기억하자. 관심을 가지고 진지하게 내 생활을 돌아보면 운이 나쁜 날의 징조를 알아차리고 피할 수 있다. 위험한 것을 조심하고 예방해서 나쁠 것은 없다. 우리 모두는 수십 년간 살면서 쌓아온 무의식의 데이터가 있다. 내 육감을 믿어보자.

노력으로 불운을
극복할 수 있을까?

한참 커피가 맛있고 분위기가 좋은 카페를 다니는 일에 관심을 가졌던 시기가 있다. 지금도 분위기 좋은 카페에서 좋아하는 이들과 담소를 나누는 것은 나의 몇 안 되는 인생의 즐거움 중 하나다. 망원동에서 약속이 있던 어느 날이었다. 점심을 먹고 어느 카페를 갈지 생각하고 있었는데 동행자가 먼저 장소를 제안했다.

"요즘 망원동에 뜨고 있는 카페가 있는데 한번 가볼래요? 인생 커피를 만났다고 SNS에 후기가 많은 곳이래요."

"그래요? 그런 곳이 있으면 당장 가야죠."

때는 한여름이었다. 땀을 비 오듯 흘려가면서 10분을 걸어서 지도 앱이 알려주는 목적지에 도착했는데 아무리 두리번거려도 카페는 보이지 않았다. 한참을 헤맨 끝에 우리는 드디어 카페 입구를 발견했다. 간판 대신 바닥에 작은 칠판 하나가 세워져 있었고, 지하로 내려가는 작은 문이 있었다.

'설마 이런 곳에 커피숍이 있을까?' 의구심을 갖고 지하로 내려가니 이내 놀라운 광경이 눈앞에 펼쳐졌다. 몇 안 되는 자리는 이미 만석이었고 10여 명의 사람들이 커피를 테이크아웃 하기 위해 그 작은 공간에서 복닥대며 기다리고 있었다. 나는 이 집에서 가장 유명하다는 아인슈페너를 시켰다. 카운터 직원은 40분을 기다려야 한다고 했다.

'좁은 지하 공간에서 선 채로 40분이나 기다리면서 커피 한 잔을 마셔야 하나.'

순간 깊은 갈등을 했지만 나처럼 줄을 서서 기다리는 10여 명의 사람들을 믿어보기로 했다. 기다림 끝에 아인슈페너를 받을 수 있었다. 다소 툴툴거리는 마음으로 입을 대고 한 모금 마셨다.

'이것이 인생 커피로구나!'

돈을 내고 오랜 시간을 서서 기다리기까지 하고 먹은 커피였지만, 그 맛을 보고 난 뒤엔 감사한 마음이 들었다.

이 카페의 경우, 운의 알고리즘을 노력으로 극복했다고 볼 수 있다. 사실 그 위치에서 커피숍을 한다는 것은 무모한 시도였다. 거기에다 망원동은 사람들 사이에서 한창 명소로 입소문 난 동네로 멋진 카페들이 한 집 걸러 하나씩 있었다. 그런데 그 카페는 실력과 노력만으로 이런 불리한 조건들을 다 이겨낸 것이다. 사장님의 생년월일시를 몰라 운을 보지는 못했지만 필시 그 개인의 운도 좋은 흐름을 타고 있었을 것이다. 이처럼 개인의 노력으로 운의 알고리즘을 극복할 수도 있다.

점을 본다고 하면 많이 듣는 질문 중에 하나가 이것이다.

"운명은 정해진 거예요? 바꿀 수 없는 건가요?"

나는 이렇게 대답한다. **'운명은 바꾸기 정말 힘들고, 운은 바꿀 수 있다.'** 앞에서도 한 번 언급했지만 운의 알고리즘은 천·지·인 세 가지 요소에 의해 복합적으로 만들어진다. 일반적으로 생각하는 천지인과 내가 규정하는 기준은 세부적인 부분에서 조금 다르다. 나는 하늘의 영역은 타고난 운명(지구게임의 캐릭터)과 국운, 환경과 같은 전체 운의 흐름이라고 본다. 사람의 영역은 본인의 운, 에너지, 실력, 성향이고, 땅은 나와 함께 하고 있는 타인이다. 내가 하고자 하는 일에 하늘, 사람, 땅(타인)이 미치는 영향의 비율을 보면 운의 알고리즘을 바꿀 수 있는지 없는지 알 수 있다.

앞에서 말한 망원동 카페의 경우, 전체 합이 100점이 될 때 가게 운영이 성공한다고 가정을 해보면 그 가게의 운의 알고리즘을 구성하는 요소를 이렇게 예측해볼 수 있다.

하늘(-100점)+사람(+150점)+타인(+50점)=100점

망원동에 멋진 카페들이 많은 것과 위치가 안 좋은 것은 −100점으로 봐도 될 정도로 매우 불리한 조건이다. 하지만 주인의 커피를 만드는 기술이 월등히 뛰어났고, 개인의 운 흐름도 좋다고 보여서 +150점이라고 보았다. 또한 함께 일하는 동료들도 커피 고수로 보였고, 팀워크도 잘 맞아 보여서 +50점이라고 보

았다.

삶이 파괴될 만큼 힘들지만 헤어지지 못하고 계속 만나는 연인들이 있다. 그들은 주로 이렇게 묻는다.

"이 사람, 결혼하면 달라지겠죠?"

3년 동안 연애를 하면서 한 달에 한 번꼴로 나에게 타로상담을 받았던 손님이 했던 말이다. 부모님, 친구들 모두 다 결사반대하는 결혼이었지만, 나에게만은 좋다는 말을 듣고 싶어 했다.

"저 말고도 다른 곳에서도 상담 많이 받아보셨죠? 다들 비슷한 말 했죠?"

"네…"

"저도 손님께서 지금 만나고 계신 분과 결혼하셔서 잘 살기를 진심으로 바라요. 기도도 할게요. 그런데 과거와 현재를 볼 때 미래는 긍정적이지는 않아요."

"선생님, 그래도 저 해볼래요. 이 사람 저 아니면 안될 것 같아요."

"네, 한 가지만 말씀드리면 여기에 0번 바보 카드와 15번 데빌(악마) 카드가 보이죠? 이렇게 나오면 보통 결혼이 힘들어요. 그런데 결혼을 하게 될 경우 그때부터는 이혼이 힘들어요. 바보가 악마에게 걸린 형상이에요."

"결혼하면 이혼은 안 한다는 거네요? 그러면 힘내볼게요."

그녀는 내 말의 의도를 전혀 다르게 해석한 채, 마음의 위로를 받고 자리를 일어섰다. 1년 후, 그녀로부터 상담 요청 연락이 왔다. 일정을 잡기 힘든 시기였지만 문자에서 절박함이 느껴져 일부러 시간을 조정하여 상담을 하고 근황을 전해 들었다.

　그녀는 당시 결혼을 결심한 상대와 혼인을 몇 달 앞두고 아이가 생겼다고 했다. 이후 자신은 전업주부가 되어 육아 중이라고 했다. 상담을 요청한 까닭은 남편 때문이었다. 남편은 이틀에 한 번 꼴로 만취한 상태로 들어오기 일쑤였고, 사업을 한다며 친정에서 돈을 꽤 가져다 써서 이제 친정에서도 인연을 끊었다고 했다. 독박육아만으로도 너무 외롭고 버거운데 경제적으로 어려워지니 막막하다고 했다. 이혼을 해야 할 것 같다고 했다. 놀랍게도 카드를 뽑으니 1년 전 상담을 할 때 나왔던 0번 바보 카드와 15번 데빌 카드가 동시에 또 나왔다.

　"이혼은 쉽지 않을 거예요. 우선은 아기가 있으니 엄마하고 아기가 잘 지낼 수 있는 방법을 찾아보는 게 좋겠어요."

　이런 경우는 '하늘(+50점)+사람(+100점)+타인(-200점)=-50점'인 상황이라고 볼 수 있다. 그녀는 자신의 결정에 최선을 다했고 친정에서도 도와주었지만, 남편의 마이너스 에너지를 이겨내기에는 역부족이었다. 노력으로 운의 알고리즘을 이겨내지 못한 경우다.

　결혼, 직장, 사업, 우정 등 사람과의 관계를 이어가다 보면 영 아닌 것 같은 사람과 함께 해야 할지 말아야 할지 고민될 때가 있다. 그때 나(사람)의 플러스 에너지가 타인(상대방)의 마이너스 에너지를 커버할 수 있을지 판단해보면 된다. 나 역시 아니다 싶은 사람과 함께 했던 경험이 몇 번 있다. 주변에서도 다 말렸지만 쌓아온 의리, 추억, 익숙함 때문에 그 사람을 나의 힘으로 바꿀 수 있을 것이라 생각하고 관계를 이어갔다. 결과적으로 그때의 결정은 실패로 귀결되어 세월을 낭비했고 마음에 상처가 남았다. 사람을 변화시키는 것은 그만큼 힘든 일이다.

우리는 사람이 개과천선하거나 환골탈태한 이야기를 종종 듣게 된다. 흔히 들을 수 없는 이야기라서 여기저기에서 회자되는 것이다. 노력으로 나의 운명을 바꿀 수는 있지만, 타인의 운명을 바꾸는 것은 성공 확률이 매우 낮음을 기억하자.

SNS 마케팅을 하는 후배가 있었다. 그 친구는 인스타그래머들이 호응할 만한 작지만 감성 넘치는 카페를 창업해서 성공시키고, 그 기세로 두 곳을 더 창업해서 자리를 잘 잡아가고 있었다. 그리고 코로나19 상황이 심각해지던 2020년 중순경, 그 후배로부터 오랜만에 전화가 걸려왔다.

"선배님, 제가 이번에 좋은 조건으로 고깃집이 나와서 인수해서 운영하기로 했어요. 선배님 집 근처인데 한번 식사하러 오세요."

"이런 시기에 고깃집을 한다고? 규모가 어떻게 되는데?"

"100평 정도 되고요. 50명 단체 회식도 가능하니깐 모임 있으면 꼭 한번 와주세요."

"그래. 코로나 조금 잠잠해지면 내가 꼭 가서 매출 올려줄게."

그러나 2020년 하반기가 될수록 코로나19 상황은 더 심각해져서 5인 이상 집합금지, 저녁 9시 이후 영업금지 등의 규제가 생겼다. 그 뒤 SNS을 통해 그 후배가 고깃집 운영을 접게 되었다는 소식을 접했다. 적지 않은 손해를 본 것 같았다.

'이렇게 빨리 문 닫게 될 줄 알았다면 그때 전화 받았을 때 빨리 가볼걸.'

코로나19만 아니었다면 그 후배는 분명히 성공했을 것이라고 생각한다. 그러나 코로나19라는 거대한 쓰나미를 이겨내기에는 역부족이었다. 이 경우는 '하늘(-500점)+사람(+200점)+타인(+100점)=-200점'정도라고 볼 수 있을 것 같다.

다음은 조선 후기의 유학자 이익 선생의 《성호사설》 중 〈독사료성패讀史料成敗〉의 한 구절이다.

천하의 일은 놓인 형세가 가장 중요하고,
운의 좋고 나쁨은 그다음이며,
옳고 그름은 가장 아래가 된다.

불리한 형세에 놓이면 이기기 어렵다는 뜻이다. **노력으로도 안 되는 것이 하늘의 영역에서 만들어지는 운의 알고리즘이다. 그것을 이겨내려고 한다면 오만이다. 물론 하늘의 영역을 인간이 이겨내는 경우도 간혹 있다. 우리는 그런 경우를 기적이라고 부른다. 나의 인생을 기적에 거는 것은 다시 한 번 생각해볼 필요가 있다.**

운이 나쁜 시기에도
얻을 것이 있다

몇 년 전 11월, 유독 날씨가 쌀쌀한 겨울이었다. 50대 초반 정도 되는 남자 손님이 상담소를 찾아왔다. 상담소를 찾는 손님의 90%는 여자 분들이셔서 남자 손님이 오시면 반갑고 어떤 이야기를 안고 오셨을지 궁금해진다. 그는 갈색 코듀로이 바지에 검은색 점퍼 그리고 투박해 보이는 등산화를 신고 들어왔다. 얼굴 표정에서 삶의 무게가 고스란히 느껴졌다.

"소개받고 왔습니다. 제가 이런 거는 처음 해봐서 잘 모릅니다. 지금 하고 있는 사업을 앞으로 어떻게 해야 할지 막막하네요."

손님이 뽑은 타로카드를 보니 착잡했다. 모래 위에 성을 쌓으려고 발버둥치는 모습이었다. 조금 쌓았다 싶으면 무너지고, 어떻게든 다 쌓아도 오래 못 가서 또 무너지고, 결국엔 아무것도 남지 않았다. 지금 손에 쥔 것은 아무것도 없는 것으로 보였다. 사업을 하다 부도가 난 건가 싶었다.

"휴… 정확히 보셨어요. 4년 동안 잘해보려고 무진 애를 썼는데 결국 남은 게 없습니다. 앞으로 해외운이 있다고 하셨죠? 다음 달에 중국에 가야 할 수도 있습니다. 한 2년은 갔다 와야 할 것 같아요. 선생님, 제 인생이 어쩌다 이렇게 된 겁니까?"

이때부터는 타로카드 상담이 아니다. 그냥 나이나 직업을 떠나 인간 대 인간으로 얘기 나누는 시간이다. 다행히 그 뒤로는 다른 일정이 없어서 여유를 갖고 이야기를 나눌 수 있었다.

"저는 성형외과 의사예요. 여기서 멀지 않은 신사동에서 4년 전에 개원을 했습니다. 중국 관광객들이 넘쳐나서 성형외과 병원이 호황일 때였죠. 앞으로 성형외과 의사로서 수명이 얼마 안 남은 것을 알았고, 시기 좋을 때 오픈해서 병원을 자리 잡아놓은 뒤 물러나야겠다고 생각했죠."

그 후로 손님은 30분 동안 이야기를 쏟아냈다. 4년 동안 직원 월급, 월세, 의료기기 렌트비, 운영비를 내느라 매달 월말이 되면 피가 말랐다고 했다. 돈을 끌어다가 투자도 했는데 중국 관광객이 뚝 끊기고, 경제상황도 얼어붙으면서 빚을 지고, 폐업할 처지에 이르렀다고 하소연했다. 그는 이제 운영하던 병원을 접고 중국에 페이 닥터로 가야 하는 상황이 되었다. 내가 할 수 있는 것은 몇 년만 참고 고생하시면 이겨내실 수 있다고 용기를 드리는 일밖에 없었다.

그분을 보내드리고 나서 상담소 정리를 하고 집에 가기 위해서 주차장으로 나와 차를 탔다. 11월의 밤은 어둡고 추웠다. 차를 몰고 나오는데 30분 전에 나가셨던 의사 선생님이 담배를 태우고 계셨다. 입김과 섞인 담배 연기가 하늘 위로 흔적 없이 사라지고 있었다. 집에 돌아와서도 의사 선생님의 사라지는 담배 연기와 바닥에 버려진 꽁초들이 계속 생각났다. 그분의 인생은 무엇이 어디서부터 어떻게 잘못된 걸까? 나는 긴 생각 끝에 의사 선생님께 문자를 보냈다.

'선생님, 오늘 상담한 정회도입니다. 잘 들어가셨는지요? 선생님 이야기가 아직도 여운이 남아 있습니다. 불편하지 않으시면 생년월일시를 알려주세요. 제가 교류하는 명리학 선생님께 말씀드려서 앞으로의 방안을 한번 의논해서 알려드리고 싶습니다.'

얼마 지나지 않아서 답신 문자가 왔다.

'정 선생님, 오늘 해주신 말씀들 도움이 많이 되었습니다. 어디가서 말할 데도 없었는데 얘기하고 나니 생각이 정리되었어요. 제 생년월일시는 ○○년 ○월 ○○일 오전 ○시 ○○분입니다. 바쁘실 텐데 개인적으로 신경 써주셔서 감사합니다.'

얼마 후 친한 명리학 선생님과 이분의 사주를 놓고 4시간이 넘게 이야기를 나누었다. 의사 선생님의 사주팔자를 분석해보니 조부모 때부터 괜찮은 집안이었던 것으로 보였다. 그리고 40세 중반까지 살면서 건강, 결혼, 자녀, 금전 등 여러 영역에서 비교적 순탄했을 것으로 보였다. 45세부터는 확장보다는 기존에 했던 일을 견고하게 유지해야 하는 것으로 보였다. 하지만 이때부터 역행하는 운을 타기 시작한 것이다. 그는 중국에서 미용 관광객이 몰려오는 것을 본인의 운으로 착각해서 병원 개원을 선택했다. 중간에 적당히 피해를 보고 빠져나올 기회가 있었지만 오히려 최악의 선택으로 무리한 투자를 끌어다 리모델링과 광고를 집행했다.

자본과 열정이 들어갔으니 잠시나마 기운이 좋은 곳이 되어 병원이 잘되었을지도 모른다. 여기서 운이 발목을 잡았다. 신사동이 어떤 곳인가? 성형외과 밀집도가 세계 어느 곳보다도 높기로 유명한 전쟁터 같은 곳이다. 내가 아무리 잘해놓아도 나보다 더 좋은 조건을 갖춘 병원이 옆에 들어서면 그 운을 빼앗길 수밖에 없다. 그런 공격을 막아내기에 의사 선생님은 너무 선비 같은 사람이었다. 궁지에 몰리니 그동안 고생을 안 해본 의사 선생님의 운은 점점 쇠약해졌을 것이다. 결론적으로 전쟁터에 뛰어들었다가 참패를 하고 모든 것을 다 잃게 된 것이다.

'4년 전으로 돌아갈 수 있다면…' 의사 선생님은 지금 뼈저리게 후회하고 있을 것이다. 하지만 인간은 과거로 돌아갈 수는 없다. 현재와 미래를 살 수 있을 뿐이다. 하지만 지금이라도 당신의 운명과 운을 이해하고 균형을 맞춘다면 지금까지 입은 피해를 어느 정도 회복할 수 있을 것 같았다. 더 늦기 전에 의사 선생님께 문자를 보냈다.

'정회도입니다. 잘 지내셨죠? 중국에 계실지도 모르겠네요. 도움이 될지는 모르지만 몇 자 남깁니다. 선생님은 양반집 선비 같은 분이시니 이제부터라도 시장판에 뛰어들지 마시고, 돈을 적게 벌더라도 안정적인 수입을 얻을 수 있는 곳으로 가세요. 중국에 가서 일하시는 것이 외로울 것 같다고 걱정하셨지만 지난 4년간 쫓기던 삶보다 오히려 마음은 편하실 겁니다. 오히려 선생님의 성실하고 차분한 성품이 중국 병원에서 신뢰를 얻게 될 것이고, 지난 4년간의 손해를 만회할 수 있을지 모릅니다. 건강 잘 챙기시고, 중국에 가서 재기하세요.'

뭘 해도 안 풀리는 시기가 있다. 노력하면 할수록 일이 더욱 꼬인다. 이럴 때 10년 주기 대운의 흐름을 살펴보아야 한다. 좋은 대운의 흐름 속에 있어도 '세운'이라 하여 그 10년 안에도 크고 작은 진폭으로 운의 흐름이 계속 바뀌고 있어 일시적으로 나쁜 시기를 지날 수 있다. 운이 나쁠 때는 무리하지 않고 최대한 조심하고, 운이 좋을 때는 공격적으로 사업을 확장하는 등 운의 흐름을 레버리지 하면 최선의 결과를 얻을 수 있다. 하지만 운을 자신의 능력으로 착각하면 운이 바뀌는 순간 운명을 역행할 수 있으니 주의해야 한다.

몇 년 전 한 유명 여가수가 나를 찾아왔다. 데뷔하자마자 쭉 승승장구해온 그녀는 처음으로 직접 작사, 작곡을 한 노래들로 구성한 앨범 출시를 앞두고 앨범의 성공 여부를 궁금해 했다. 카드를 읽어보니 그녀는 자신이 가진 재능과 노력도 걸출하지만 그동안 최고의 작곡가, 작사가, 프로듀서, 소속사 등 주변의 도움 역시 많이 받아왔다. 그야말로 천지인이 함께 도운 것이다. 하지만 자신의 능력을 증명하고 싶은 조급한 마음이 있었던 그녀는 주변의 만류에도 불구하고 이번 앨범을 직접 프로듀싱 했다. 타인의 힘을 레버리지 하지 않은 채 자신의 실력만으로 100% 정면 승부하고 싶었던 것이다.

타로카드로 보았을 때 이번 앨범이 흥행하기는 힘들어 보였지만 내적 성장을 기할 수 있는 계기로 삼을 것으로 보였다. 얼마 후 그녀의 신곡이 발표되었고 생각지도 못한 구설수가 터졌다. 아마도 그녀에겐 무척 힘든 시기였으리라. 하지만 그녀는 이를 계기로 더욱 절치부심하여 성숙한 인품이 드러나는 행보를 이어갔다. 또한 다음 앨범부터는 다양한 작사가, 작곡가, 프로듀서 등과 협업하여 좋은 곡들을 연이어 발표했다. 그리하여 기존의 팬들뿐만 아니라 새로운 팬들도 많이 생겼다. 성장통을 잘 이겨낸 것이다.

살면서 좋은 운이 한 번도 들어오지 않는 사람은 없다. 누구나 대운이 한 번 이상은 들어온다. 반대로 나쁜 운만 들어오는 사람 또한 없다. 지금 삶이 힘들다면 미래에 좋은 운이 들어왔을 때 그 운을 받을 수 있는 그릇을 키우는 과정이라고 여겨야 한다. 시간이 지나서 보면 그때는 그럴 만한 이유가 있어서 그러한 결과를 맞았음을 알게 된다. 힘든 일이 있어야만 큰 그릇으로 단련될 수 있다.

운이 나쁠 때야말로 내가 가장 성숙해지고 겸손해지며 새로운 가능성을 준비하는 놀라운 도약의 시기가 될 수도 있다. 그러기 위해서는 성찰해야 한다. 모든 것이 실패한 시점에 그렇게 하기란 쉽지 않다. 그런 맥락에서 오쇼 라즈니쉬는 '부자들은 할 것이 명상밖에 남지 않았기에 이들이 명상을 하는 것은 당연하다. 그런데 가난한 자가 명상을 하는 것은 놀라운 일이며, 나는 그를 위대하다고 이야기한다'라고 말했다. 힘든 시기일수록 실패와 고통을 철저히 곱씹어야 얻을 것이 있고 그래야만 다시는 이를 겪지 않을 수 있다.

우주의 시스템은 절대 이유 없이 사람을 괴롭히지 않는다. 죽지 않을 만큼의 고통을 겪고 있다면 우주가 당신을 크게 쓰기 위한 큰 그림을 그리고 있는 것이다. 지금 겪고 있는 그 시련 또한 인생의 거시적인 관점에서 보면 결과적으로 가장 이로운 상황으로 해소될 것이다. 아무리 좋은 시기도, 힘든 시기도 때가 되면 끝난다. **천하의 범사에는 기한이 있고 때가 되면 모든 목적이 이루어진다.**

위기를 기회로 바꾸는
네 가지

상담을 하다 보면 존경심을 갖게 만드는 손님도 많이 만난다. 특히 극복하기 어려울 것 같은 위기를 이겨내는 사람을 보면 카타르시스까지 느끼게 된다. 그중 기억에 남는 손님이 있다.

"선생님, 제가 남편하고 계속 살 수 있을까요? 하루하루 너무 힘들어요."

겉보기에는 좋은 집에서 가족들과 부족함 없이 잘 사는 듯 보이는, 전형적인 청담동 사모님이었다. 나중에 알게 되었지만 인스타그램 팔로워도 몇 만 명에 이를 정도로 남들이 선망하는 삶을 살고 있었다.

"제가 두 분의 인연이 어떻게 될지 한번 집중해서 타로카드를 뽑아볼게요."

타로카드를 보니 부부의 인연은 앞으로도 계속 이어지고 좋은 방향으로 가는 것으로 나왔다. 특이한 것은 남편이 약해지고 아내가 강해지는 흐름이 되면서 관계가 좋아지는 것으로 예측이 되었다.

"남편 분이 많이 예민하신 것 같아요."

"맞아요. 남들이 볼 땐 돈도 잘 벌고 가정적이고 이런 남편이 세상에 어디 있냐고 부러워해요. 친정 부모님한테 힘들다고 하면 배부른 소리 한다고 혼나요."

이야기를 들어보니 남편은 겉으로 보기에는 100점짜리 남편이었다. 그런데 모든 것이 자기 기준에 맞아야 하는 타입이었다. 예를 들어 아침상에는 무조건 반찬과 국이 올라와야 하고, 저녁도 꼬박꼬박 집에서 가족 모두가 식탁에 다 같이 둘러앉아서 함께 먹어야 했다. 반찬 타박도 예삿일이었다. 가사도우미가 있었지만 밥상은 꼭 아내가 차려야만 먹었다. 하나를 보면 열을 알 수 있다고 아내를 숨 막히게 하는 남편인 듯했다.

"솔직히 이혼하고 싶어요. 그런데 이혼할 이유가 없어요."

"타로카드로 볼 땐 이혼 안 하셔도 될 것 같아요. 앞으로 좋아질 거예요. 아내 분이 주도권을 갖게 되면서요."

"제가요? 저는 지금 6년째 살림만 하고 있어요. 결혼도 일찍 해서 마땅한 커리어도 없어요."

몇 달 후 그녀가 심각한 표정으로 다시 상담소를 찾아왔다.

"선생님, 저희 남편이 사기를 크게 당했어요. 횡령·배임으로 구속될지도 모른데요. 저희 남편, 어떻게 될까요?"

그 후 소식을 들어보니 다행히 남편은 법적으로 문제는 없었지만 사업적으로는 손발이 묶여서 경제활동을 하기가 당분간 어려운 상황이 되었다.

"이제 제가 뭐라도 해서 돈을 벌어야 되는데요. 뭘 해야 할지 모르겠어요. 친구들이 인스타그램으로 공동구매를 해보라고 하는데 제가 할 수 있을지도 모르겠어요."

타로카드를 뽑아보니 금전적으로 정말 좋은 카드들이 많이 나왔다.

"잘될 것 같은데요. 한번 도전해보세요."

오랜 시간 까다로운 남편의 취향을 맞춰온 손님은 그사이 자신도 모르게 뛰어난 안목을 갖게 되었다. 그 안목으로 좋은 물건들을 골라서 공동구매를 하니 신뢰가 쌓이게 되었다. 나도 그녀가 판매하는 제품을 몇 번 구매했는데 모두 만족스러웠다. 그 후로 반년 정도 지나고 다시 그 손님이 찾아왔다. 이전과는 완전히 다른 에너지의 사람이 들어왔다. 사업가의 기운이 느껴졌다.

"선생님, 위기가 기회라는 말이 있잖아요. 선생님 말씀대로 요즘 너무 행복해요. 제가 돈을 버니깐 자존감도 올라가고 남편도 집에서 살림하면서 더 행복해 해요."

아직도 남편은 밖에 나가서 돈을 벌고, 아내는 집에서 살림을 해야 한다는 고정관념을 가진 사람들이 있다. 하지만 꼭 그렇지 않다. 앞의 경우도 남편은 사업을 하는 게 맞지 않는데 어쩔 수 없이 일을 하면서 스트레스를 받았고, 이를 아내에게 잔소리를 하면서 풀었던 것이다. 그런데 이제 사업 스트레스 없이 본인이 잘하고 좋아하는 살림을 하게 되니 행복지수가 올라가고 아내의 경우는 자신에게 있는지도 몰랐던 사업가 기질을 발휘하고 성과가 눈에 띄게 보이니 자존감이 올라간 것이다. 그야말로 이들 부부에게 위기가 기회가 된 것이다.

사실 위기를 기회로 만들기란 쉽지 않다. 위기를 넘길 수는 있어도 기회로 전환시키기 위해서는 다음의 네 가지 조건들이 모두 다 맞아야 하기 때문이다.

첫째, 용기다. 내가 지금 처한 상황이 위기임을 인정할 수 있는 용기가 필요하다. 이 용기의 저변에는 위기를 극복할 수 있다는 배짱이 깔려 있어야 한다. 인정하는 용기가 있어야 어떻게 할 것인지를 찾는 단계로 넘어갈 수 있다.

둘째, 판단이다. 내가 처한 위기를 분석하고 어떤 선택을 해야 할지 판단할 수 있어야 한다. 이 판단의 저변에는 지혜가 깔려 있어야 한다.

셋째, 실천이다. 지혜로운 판단을 했다면 그것을 실천할 수 있는 실행력과 에너지가 있어야 한다. 위기 전부터 실천할 수 있는 준비가 항상 되어 있어야 하고 지혜로운 판단에 따라 정확하게 실천할 수 있어야 한다.

넷째, 운이다. 결실을 맺으려면 운이 함께 따라줘야 한다. 내가 생각한 흐름대로 일이 진행되어야 하고 흐름을 꺾을 만한 불운이 중간에 들어와서도 안 된다.

이렇게 위기가 기회로 바뀌기 위해서는 용기, 판단, 실천, 운이 모두 다 있어야 하고 이 중 하나라도 없다면 위기는 위기로 끝난다.

이 손님의 경우, 남편이 사업으로 재기하기가 앞으로 어려우므로 자신이 돈을 벌어야겠다고 용기를 냈다. 남편을 원망하면서 세월을 보내지 않았다. 이어서 자신이 운영하던 인스타그램 계정을 활용해야겠다는 지혜로운 판단을 내렸다. 만일 커피숍이나 꽃집을 생각했다면 실패했을 가능성이 더 높았을 것이다. 그리고 주저하지 않고 자기가 할 수 있는 범위 안에서 작게 공동구매를 시작하는 실천을 했다. 요즘 유행하는 운의 흐름까지 같이 들어온 것이다. 그녀는 이제 남편이 사업할 때보다 더 많은 돈을 버는 것으로 알고 있다.

인생을 살다 보면 위기의 알고리즘이 나를 찾아올 때가 있다. 큰 사기를 당하는 것처럼 삶을 크게 뒤흔드는 큰 위기도 있지만, 일상에서의 작은 위기도 있다. 예를 들면 거래처 미팅에서 프레젠테이션 순서를 기다리면서 대본을 보려고 가방을 살펴보니 애써 작성한 대본이 없어졌을 수 있다. 이런 상황도 위기다. 어떤 위기 상황이든 우리는 순간적으로 위기를 기회로 바꿔주는 네 가지 조건, '용기-판단-실천-운'을 떠올려야 한다. 위기가 만일 기회로 전환되면 큰 행운이지만, 그저 위기로만 끝날 수도 있다. 하지만 위기의 알고리즘에 무력하게 당하고만 있지는 않았기 때문에 큰 피해를 입지 않고 훗날을 기약할 수 있다. 잘될 운명으로 가는 항로에서 만나는 암초를 피하려고 노력해보고 어쩔 수 없이 부딪쳤다면 그 지점에서 다시 위기를 기회로 전환할 방도를 생각하면 된다. 이 과정을 통해 결국에는 잘될 운명으로 가게 된다.

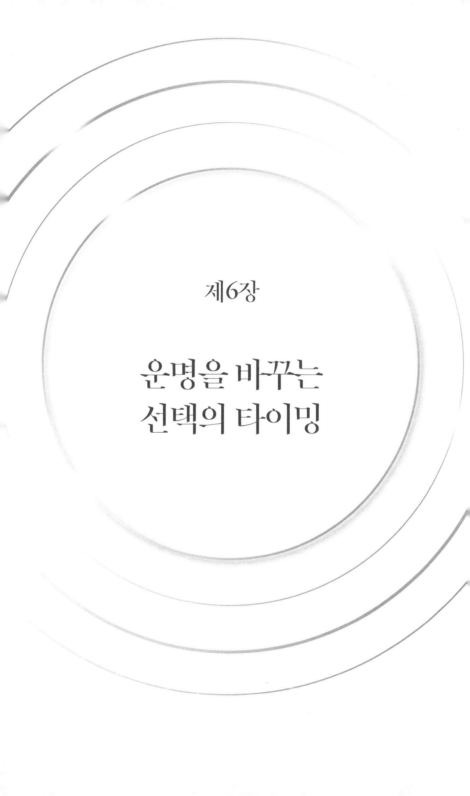

제6장

운명을 바꾸는
선택의 타이밍

운의 알고리즘과
타이밍

서울과 부산을 잇는 경부고속도로에는 수많은 분기점이 나온다. 거기서 딱 한 번만 길을 꺾어도 우리는 부산이 아닌 전혀 다른 도시에 도착하게 된다. 마찬가지로 우리는 인생에서 수많은 운의 알고리즘을 만나게 된다. 그때마다 어떤 선택을 하느냐에 따라 운명이 결정된다. 작은 선택들이 모여 큰 결과를 만들어내기도 하고 대수롭지 않게 생각한 선택이 그동안 쌓아온 모든 것을 잃게도 만든다. 결과적으로 우리 인생에서 작은 선택이란 없다. 매 순간의 선택이 모두 중요하다.

　그동안 수많은 손님들이 나에게 상담을 받으러 온 이유를 하나로 정리하자면, '선택'의 문제 때문이었다. 직장, 사업, 연애, 인간관계, 마음가짐까지 선택의 기로에 섰을 때 무엇이 최선인지 묻기 위해 나에게 왔다. 여기서 가장 중요한 것은 바로 타이밍이다. 운의 알고리즘에서는 그때 바로 선택하지 않고 시간이 지나면 전혀 다른 결과가 도출된다. 즉, 운을 적절한 타이밍에 안착시키면 기회가 되지만 어긋난 타이밍에서는 불행으로 작용하기도 한다. 타이밍을 정확하게 알고 원칙을 세운 후 그 원칙에서 흔들리지 않는다면 누구나 인생에서 어느 정도 성공할 수 있고 원하는 것을 얻을 수 있다. 그리고 불운이 닥쳤을 때 피해를 최소한으로 줄일 수 있다.

나는 15년간 약 15,000명 이상의 운의 알고리즘과 타이밍을 상담해왔고, 그에 맞는 원칙을 세워주었다. 그리고 그 조언을 토대로 많은 사람들이 일군 성공을 가까이에서 지켜보았다. 나 또한 타이밍을 알고 원칙을 세운 후 그 원칙을 늘 지켜왔다. 그 덕분에 지금까지는 인생에서 만족할 만한 성취를 했고 마음의 평온을 유지하고 있다. 나는 그동안의 경험과 임상을 통해 다음과 같이 열네 가지의 타이밍과 그에 따른 선택의 원칙을 정리했다.

첫째, 할 것인가GO, 말 것인가STOP 아니면 기다려볼 것인가WAIT 중 하나를 선택한다.

둘째, 빨리 하느냐FAST, 천천히 하느냐SLOW 중 하나를 선택한다.

셋째, 기존에 있는 것인지IN, 새로운 것인지OUT 중 하나를 선택한다.

그리고 이 모든 것을 넘어서는 두 가지 선택이 있다. 모든 일을 제쳐두고 최우선 순위로 다 쏟아붓는 것ALL IN과 무조건 절대 안 되는 것NEVER이 있다. 지금 고민하는 일이 있는가? 어떤 선택을 해야 할지 아직 결정을 못 내렸는가? 그렇다면 아래의 열네 가지의 타이밍 중 하나를 선택하면 된다.

잘될 운명 타이밍 표

	액션	속도	에너지	설명
1	GO	FAST	IN	기존의 상황을 유지하면서 빨리 실행하세요.
2	GO	FAST	OUT	새로운 상황으로 가기 위해서 빨리 실행하세요.
3	GO	SLOW	IN	기존의 상황을 유지하면서 천천히 실행하세요.
4	GO	SLOW	OUT	새로운 상황으로 가기 위해서 천천히 실행하세요.
5	WAIT	FAST	IN	기존의 상황을 유지하면서 잠시만 기다리세요.
6	WAIT	FAST	OUT	새로운 상황으로 가기 위해서 잠시만 기다리세요.
7	WAIT	SLOW	IN	기존의 상황을 유지하면서 여유 있게 기다리세요.
8	WAIT	SLOW	OUT	새로운 상황으로 가기 위해서 여유 있게 기다리세요.
9	STOP	FAST	IN	기존의 상황을 유지하면서 빨리 그만두세요.
10	STOP	FAST	OUT	새로운 상황으로 가기 위해서 빨리 그만두세요.
11	STOP	SLOW	IN	기존의 상황을 유지하면서 천천히 그만두세요.
12	STOP	SLOW	OUT	새로운 상황으로 가기 위해서 천천히 그만두세요.
13	ALL IN			당신이 가진 모든 것을 걸어보세요.
14	NEVER			절대 하지 마세요.

우선 1단계 선택에 대한 설명을 하자면, 모든 선택의 시작은 '한다(○)', '안 한다(×)'에서 출발한다. 둘 다 아니라면 결정하기 전 '기다리는 것(△)'이다. 이 셋 중에 하나를 선택하면 되는데, 막상 일이 닥치면 우리는 아무런 선택도 하지 못하고 우왕좌왕하게 된다. 그럴 때 '어떡하지?' 고민만 하지 말고, '한다/안 한다/기다린다' 중에서 하나를 선택해야 한다는 것을 기억하자. 이때 그 무언가를 하는 데에 투입되는 시간, 돈, 감정과 그것을 함으로써 내가 얻게 되는 시간, 돈, 감정을 비교해보고 결정을 내리면 된다. 한정된 자원을 얼마나 효율적으로 쓰느냐의 개념이다. 만일 이런 고려 끝에도 당장 결정을 못 할 것 같다면 보류로 간다.

　이제 2단계 선택에 대한 이야기다. 지구게임에서 절대복종해야 하는 개념은 시간이다. 누구나 하루 24시간을 살고 시간이 흐르면 죽음으로 간다는 사실을 거스를 수 없다. 시간의 개념에서 고려해야 할 것은 속도다. 만일 1단계에서 '한다(○)'로 결정을 내렸다면 빠르게FAST 시작할지 천천히SLOW 시작할지 결정하는 것이다. 예를 들면 대학원 박사과정 진학을 두고 고민하다가 1단계 선택에서 진학을 결정했다고 치자. 2단계에서 해야 하는 선택은 돌아오는 다음 학기FAST에 진학에 도전할지, 내년 혹은 2년 후SLOW에 할지의 여부다.

　1단계보다 2단계의 선택이 더 까다로울 수 있다. 주식거래에 비유하면 매수 또는 매도 타이밍을 결정하는 셈이다. 관심이 있는 주식을 매수(○)하기로 했는데 오늘fast 살지 다음 달slow까지

지켜보고 살지를 결정하는 것이다. 2단계 선택을 할 때는 두 가지의 기준이 필요하다. 확신과 여유다. '확신+여유=속도' 공식을 기억하자. 확신이라는 개념은 간절함으로도 표현될 수 있다. 확신과 여유가 있다면 선택한 일을 진행하는 속도를 올려도 좋다. 그 반대의 경우라면 일을 추진하는 속도를 줄여야 한다.

3단계에서는 일을 추진하는 에너지를 어디에서 가져올지 선택해야 한다. 기존의 에너지IN와 새로운 에너지OUT 중에서 선택하는 것이다. 익숙함과 새로움 사이의 결정이라고도 할 수 있겠다.

어떤 결정은 3단계까지 가지 않고 2단계에서 끝날 수도 있다. 이를테면 주식의 매수·매도 같은 경우는 2단계에서 끝난다. 하지만 대학원 박사과정 진학과 같은 선택은 3단계까지 올 수 있다. 대학교와 세부 전공에 대한 고민이 필요하기 때문이다. 만일 석사과정을 마친 대학교에서 동일한 전공으로 박사과정을 밟을 계획이라면 기존 에너지IN를 선택한 것이고, 학교나 전공에 변화를 주기로 했다면 새로운 에너지OUT를 선택한 셈이다.

3단계에서는 기존 에너지에서의 만족과 새로운 에너지에 대한 설렘을 기준으로 결정하면 된다. 나는 같은 대학교에서 경영학 학사, 석사, 박사과정을 마쳤다. 석사를 마칠 때까지 내가 선택한 학교와 전공에 만족했기 때문에 새로운 대학에 가거나 색다른 전공으로 박사과정에 도전하는 일에 설렘이 없었다. 나의 만족과 설렘을 기준으로 삼는다면 3단계 선택을 할 때 큰 도움이 될 것이다.

앞에서 설명한 선택의 알고리즘으로 나오는 경우의 수는 총 열

두 가지다. 그리고 여기에 두 가지 경우가 더 추가된다. 최우선 순위ALL IN와 무조건 안 됨NEVER이다. 이 두 경우를 선택해야 하는 상황은 대체로 명백하다. 그럼에도 불구하고 스스로 판단을 내리기 어렵다면, 자신과 가장 가까운 사람 다섯 명에게 물어보자. 아마 모두가 같은 대답을 건넬 것이다.

지병을 앓고 있는 한 손님이 찾아오신 적이 있다. 그분은 1년만 회사를 더 다니면서 프로젝트를 완수하면 회사 내에서 가장 빠른 진급 케이스로 팀장이 될 수 있었다. 그런데 병원에서는 여기서 더 무리하면 생명에 지장이 올 만큼 심각한 상황이니 치료와 휴식을 강력하게 권했다. 그 손님은 무리하더라도 팀장까지 달고 쉴 것인지, 승진을 미루고 병가를 내야 할지 물어보셨다. 무리하더라도 팀장까지 가는 경우를 가정하고 타로카드를 뽑았더니, 심장에 칼이 꽂힌 타로카드와 데스(죽음) 타로카드가 나왔다. 팀장직과 목숨을 맞바꿀 수도 있다는 이야기였다. 이런 경우는 무조건 그 일을 해서는 안 되는 경우NEVER다.

반대로 올인의 경우는 내 이야기를 들려드리겠다. 내가 MBC 〈무한도전〉 섭외 연락을 받은 것은 녹화 바로 전날이었다. 다음 날 12시에 바로 촬영 일정이 잡혔다고 했다. 스케줄을 조율할 틈도 없이 갑작스럽게 연락이 온 것이다. 그 시간에 다른 일정이 없었으면 문제가 없을 텐데, 인생이란 것은 우리에게 늘 선택을 요구한다. 하필 그 시간에 내가 오랫동안 강의를 이어오던 공기관에서 강의 일정이 잡혀 있었다. 만일 그 강의를 하루 전날 펑크를 냈다면 그동안 내가 쌓아온 신뢰는 물거품이 되고 그곳에서 더 이상의 강의 요청이 없을 것이라는 판단이 들었다. 지금까지 강의 펑크는 물론이고 매 강의마다 지각조차 한 적이 없던 나였지만, 이때는 5초 정도 생각하고 섭외 요청을 주신 작가님께 바로 대답을 드렸다.

"네, 작가님. 내일 알려주신 시간에 늦지 않게 맞춰서 갈게요. 제가 뭘 준비해가면 될까요?"

〈무한도전〉 출연은 나의 오랜 꿈이었고, 두 번 다시 오지 않을 기회였다. 이 일을 최우선 순위ALL IN에 두고 모든 걸 걸어야 할 타이밍이었다. 공기관 특강 일정에는 내 돈을 들여서 나보다 더 훌륭하신 분을 급히 모셔서 보내드렸다. 다행히 그 특강 일은 잘 마무리되었다. 그렇다고는 해도 지금도 여전히 담당자 분에게는 죄송한 마음이 남아 있다. 그리고 내 예상대로 그 공기관에서는 이후에 나를 더 이상 강사로 섭외하지 않았다. 하지만 나는 여전히 〈무한도전〉 출연 결정에 후회가 없다.

이처럼 최우선 순위ALL IN와 무조건 안 됨NEVER의 타이밍은 명백하기 때문에 그 순간을 알아차리는 것이 어렵지 않다. 이 타이밍에는 단 한 가지만 필요하다. 바로 단호함이다. 모든 것을 접어두고 즉각적으로 행동하는 단호함만 있으면 된다.

타이밍을 선택할 때의 기준은 다음과 같이 정리할 수 있다.

1단계: 시간, 돈, 감정의 투입 대비 산출

2단계: 확신(간절함)과 여유

3단계: 기존의 만족과 새로운 것에 대한 설렘

우리의 선택에 따라서 운의 알고리즘은 달라지고 잘될 운명으로 가는 길도 변화한다. 그만큼 선택은 신중하게 해야 한다. 선택에는 많은 변수가 영향을 미친다. 우리가 물건 하나를 살 때도 얼마나 많은 변수들을 고려하는가? 그러니 진로 선택, 결혼 여부, 이직처럼 일생일대의 결정을 할 때는 훨씬 더 많은 변수들이 존재할 것이다. 그렇다면 그 수많은 변수들을 모두 다 따져본 뒤 선택을 해야 하는 걸까?

내가 그동안 타이밍 선택 상담을 해온 결과, 선택의 본질에는 두 가지가 있다. 실질적인 것과 심리적인 것이다. 여러 가지를 복잡하게 생각하다 보면 오히려 결정적인 순간에 제대로 된 선택을 하지 못하고 운의 알고리즘에 끌려가는 삶을 산다. 단순하지만 기준을 세우고 시기적절하게 선택과 행동을 하면 결과에 따라 운의 알고리즘을 보는 눈도 생기고 데이터가 쌓이면서 미래를 예측하는 혜안이 생긴다. 내 운명의 주인이 될 수 있는 능력이 생기는 것이다.

다음 장에서는 그동안 내가 상담하면서 받았던 질문 사례들을 보면서 올바른 타이밍을 판단하는 법을 더 알아보기로 하자.

진로와 진학
– 미국 유학을 가도 될까요?

나는 길치다. 내비게이션이 있는 시대에 태어나서 정말 다행이라고 생각할 정도다. 길도 잘 못 찾고 공간지각 능력도 떨어져서 운전할 때도 긴장을 하는 편이다. 그 덕에 지금까지 운전하면서 단한 번도 경미한 사고가 없었다. 차가 있지만 웬만하면 전철이나 기차를 타는 것이 편하다. 그런데 대중교통으로는 가기 힘든 리조트나 콘도를 가야 할 때가 있다. 그럴 때는 어쩔 수 없이 운전을 하는데 혹시나 길을 잘못 들어설까 봐 더 신중하게 된다.

한번은 지방 강의를 마치고 차에 타서 휴대폰 내비게이션을 실행했다. 그런데 휴대폰 배터리가 3% 정도밖에 없었다. 하필이면 늘 차에 두던 충전 케이블도 그날은 공교롭게도 집에 두고 왔다.

'최대한 가까운 휴게소까지 가서 밥을 먹는 동안 휴게소 충전

기로 충전하자.'

이렇게 계획을 세우고 출발했지만, 인생은 항상 계획대로 풀리지 않기 십상이다. 막상 고속도로를 타니 휴게소가 가까운 거리에 없었고, 휴대폰은 내비게이션을 켜자마자 배터리가 순식간에 닳아서 꺼져버렸다. 이제 할 수 있는 일은 휴게소가 나올 때까지 직진하는 방법뿐이었다.

'직진하다 보면 언젠가 휴게소가 하나는 나오겠지.'

그렇게 마음을 먹었지만 분기점이 나올 때마다 이쯤에서 빠져야 할지 말지 계속 고민이 되었다. 하지만 길을 모르니 애초에 생각한 대로 움직일 수밖에 없었고, 결국 오랜 직진 끝에 휴게소에 도착했다. 허기진 배를 달래고 휴대폰도 충전한 후 내비게이션을 켜서 오던 길을 살펴보니 중간쯤에서 빠져나와야 했던 지점이 있었다. 하지만 그때는 그 사실을 알 수가 없어서 그냥 지나칠 수밖에 없었다. 나는 그날 꽤 먼 길을 돌아 집으로 가야 했다.

우리 인생도 마찬가지다. 어느 갈림길을 선택하느냐에 따라 운의 알고리즘은 완전히 바뀐다. 그 선택의 순간 타로카드를 내비게이션으로 활용하고자 손님들은 나를 찾아온다.

어느 날 대학원에서 박사과정을 밟고 있는 젊은 여성 분이 나를 찾아왔다.

"선생님, 사실 전혀 기대 안했는데 간절히 원하던 미국 대학에서 합격 통보를 받았어요. 그런데 제가 내년이면 서른인데 미국에서 박사까지 마치려면 최소한 4년은 걸릴 거예요."

미국으로 유학을 간다는 가정 하에 타로카드를 뽑아보았다. 타로카드에는 러버The Lovers 카드와 데빌The Devil 카드가 있다. 단순히 해석하면 러버 카드는 사랑의 상태를 의미하고, 데빌 카드는 사랑이 지나쳐서 집착과 질투를 하는 상태를 뜻한다. 러버 카드에는 천사가 등장하고 데빌 카드에는 악마가 등장한다. 에너지의 관점으로 본다면 러버는 플러스 에너지고, 데빌은 마이너스 에너지라고도 볼 수 있다. 이 두 장의 카드가 동시에 나왔다면 감정과 무의식 측면에서 현재 추진 중인 일을 진심으로 하고 싶다는 것을 의미한다. 실전 상담에서는 좀처럼 보기 힘든 조합이다.

"이 정도 카드가 나왔다면 미국으로 유학 가셔야죠. 이번 생에는 미국에서 유학하고 싶어서 왔나 싶을 정도로 간절하세요. 다르게 보면 한이 맺혔다고도 볼 수 있어요."

"아… 그렇군요…"

내 이야기를 들은 손님은 눈물을 주르륵 흘렸다. 손님들이 상담을 받으시면서 눈물을 흘리는 경우가 종종 있어서 나는 상담 테이블에 티슈를 꼭 챙겨놓는다. 그런데 그 손님은 눈앞에 티슈가 있는데도 눈물을 닦을 생각조차 못하고는 가만히 눈물만 흘리고 있었다.

"아… 죄송해요. 저 너무 미국 유학을 가고 싶었어요. 합격 통보를 받은 게 꿈만 같아요."

이 손님은 집안 형편이 어려워서 원하던 대학을 못가고 전액

장학금을 주는 대학에 진학했다. 그게 어린 나이에 상처가 되어서 학부를 졸업하고 원하는 대학의 대학원을 진학하려고 했지만 뜻대로 되지 않았다. 이번에도 원하던 곳이 아닌 다른 대학원에 진학하게 되었다. 그렇지만 학교에 상관없이 열심히 논문을 완성하면 교수가 될 수 있을 거란 믿음으로 주말에도 연구실을 혼자지켰다고 했다. 그런데 꿈에 그리던 미국의 명문대에서 합격 통보가 온 것이다.

"이제 가시기만 하면 되는데 무슨 문제가 있는 거죠?"

"사실은 작년부터 만나게 된 남자 친구가 있어요. 내년에 박사학위를 받으면 결혼하기로 했고요. 그런데 제가 유학을 가게 되면 결혼은 힘들어지겠죠. 남자 친구가 기다린다고는 말하지만 박사과정이 언제 끝날지도 모르는데 헤어지고 가야죠. 상황이 이러하니 부모님 반대도 만만치가 않아요. 그냥 한국에서 박사 하고 결혼해서 강의하면서 살지 무슨 이 나이에 미국까지 유학을 가냐고…"

사정을 들어보니 정말 고민이 될 것 같았다. 현실과 꿈 사이의 갈림길에서 어떤 선택을 하느냐에 따라 인생의 종착지는 달라진다.

"결혼도 중요하고, 부모님의 기대도 중요하죠. 그런데 내가 이번 생에 미국에서 박사 하고 싶어서 온 거라면 어떻게 해야 할까요? 이 기회를 포기하고 결혼해서 부모님한테 적당히 잘 사는 모습 보여주면 남은 인생이 행복하겠어요?"

나는 간절한 꿈을 갖고 있는 사람을 많이 보지 못했다. 그리고 그 꿈에 가까이 가는 사람은 더욱 드물다. 그런 사람을 만나게 되면 괜히 나도 설레고 좋은 에너지를 받게 된다. 꿈을 갖는 것은 잘될 운명으로 가기 위해서는 꼭 필요하다.

"평생 미련이 남을 것 같아요. 그건 제 꿈이었으니까요. 목전에 두고 놓치게 되면 평생 한이 되겠죠. 그런데 저만 바라보고 있는 남자 친구와 부모님은 어떻게 해요? 유학을 가버리면 제가 너무 이기적인 사람이 되잖아요."

너무 착한 사람이었다. 어려서부터 참고 양보하는 게 익숙해서 자기를 위한 길은 이기적이라고 느끼는 사람이었다. 어쩌면 남자 친구와 부모님이 이기적이라고 볼 수도 있다. 자신들의 꿈이나 체면을 위해 여자 친구와 자식의 꿈은 접으라고 하는 입장이기 때문이다.

"남자 친구와 부모님은 자기의 인생이 있는 거예요. 손님이 그 꿈을 포기한다고 해서 그분들이 고마워하지 않을 거예요. 그들이 말하는 인생이 잘못된 것은 아니에요. 그러나 내가 원하는 건 아니잖아요. 더 늦기 전에 자기 인생 스스로가 원하는 대로 한번 살아봐야 되지 않겠어요."

나는 늘 '소울이 있는 삶'을 살아야 한다고 말한다. 나도 20대까지는 돈만 있으면 모든 게 다 해결될 줄 알았다. 그런데 돈이 많은 사람들을 상담하면서 돈은 행복을 위한 필요조건이지만 충분조건은 아니라는 것을 깨닫게 되었다. 돈, 가정의 화목, 건강을 가지고도 행복하지 않은 사람들이 생각보다 많았기 때문이다. 그리고 그 이유가 소울의 부재라는 것을 알게 되었다. 이제는 소울이 있는 삶을 살아야 하는 세상이 왔다. 육신의 만족만으로는 행복할 수 없는 시대로 흐름이 바뀌었다.

이 손님이 미국 유학을 포기하는 것은 소울이 있는 삶을 포기하는 것과 같다. 만난 지 이제 1년 된 남자 친구와의 사랑, 부모님 부양과 기대 때문에 나의 꿈, 나의 소울을 포기할 순 없다. 정말 인연이라면 남자 친구와 어떻게든 이어질 것이고, 부모님은 자신들이 그동안 살아온 인생에 대한 책임을 딸에게 부담시켜서는 안 된다. 자식으로서 부모님을 부양하는 의무는 미국 유학 중에라도 할 수 있다. 방법은 어떻게든 찾고자 하면 생긴다. 그런데 미국 유학을 포기해버리면 돌이킬 방법이 없다. 나는 그 손님에게 이렇게 말했다.

"여기에 나온 러버 카드와 데빌 카드요. 이 두 장의 카드가 함께 나오는 일을 하면서 살 수 있다는 건 축복이에요. 그동안 고생했던 손님에게 축복의 기회가 온 거예요. 기회는 자주 오는 게 아니에요."

그렇다면 이제 이 손님이 유학을 가야 하는 선택에 대한 타이밍을 잡아보자.

어찌 보면 이 타이밍은 최우선 순위ALL IN 타이밍이라고도 볼 수 있다. 만일 올인까지는 아니라고 가정해보아도 'GO(유학 간다) / FAST(빠르게) / OUT(새로운 곳으로)' 해야 하는 타이밍이다. 기회는 자주 오지 않으며, 모든 일에는 때가 있다는 점을 염두에 두고 선택해야 한다.

이 손님은 남자 친구와 어떻게 해야 하는지도 선택해야 한다. 결혼 적령기에 있는 사람을 기한 없이 기다리게 할 수는 없다. 그것은 본인에게도 부담스러운 일이다. 'STOP(헤어진다)' 해야 할 타이밍이다. 그런데 감정이라는 것이 하루아침에 정리되는 것이 아니다. 그렇다면 이별의 속도에서 'SLOW(천천히)'를 선택한다. 사람이든 일이든 마지막을 맞이할 때도 그 상황에 걸맞은 속도가 있다. 악연은 빨리 정리해야 하지만 그렇지 않은 경우에는 시간을 가지면서 정리해야 미련과 문제가 남지 않는다. 3단계 선택도 남았다. 'OUT(새로운 인연)'의 선택이 필요하다. 서로 새로운 시절 인연을 만나는 길로 걸어가야 한다.

이 손님은 얼마 후 유학을 떠났다. 몇 년이 지나 문득 이 손님의 소식이 궁금해서 등록된 카카오톡 프로필 사진을 찾아 보았다. 미국에서 만나 결혼한 듯 보이는 남편과 아이와 함께 행복하게 웃고 있는 손님의 모습이 거기 있었다.

사랑과 이별
– 이 사람과의 인연, 어떻게 해야 할까요?

타로카드 상담에서 사랑 카테고리는 금전과 더불어 많은 사람들이 질문을 던지는 가장 큰 카테고리다. 그만큼 사랑은 인생에서 차지하는 부분이 크고, 많은 고민거리를 던지는 화두다. 남녀노소, 사회적 지위, 재력, 학력 등과 관계없이 사랑에 빠지게 되면 누구나 사춘기 소년 소녀처럼 달뜬 마음이 된다. 또 슬픔과 불안의 늪에서 허우적거리기도 한다.

　사랑 문제로 상담을 오는 경우는 크게 솔로인 경우와 대상이 있는 커플인 경우로 나뉜다. 어떤 경우든 단연 많이 하는 질문은 지금 만나는 사람 또는 헤어진 사람과의 인연에 관한 것이다. 두 연인의 마음 상태나 사랑의 역사는 제각각 다르겠지만 인연 흐름의 패턴은 몇 가지로 추릴 수 있다.

1. 계속 만나게 되고 결혼 또는 좋은 인연으로 간다.

2. 당장 헤어진다.

3. 서서히 헤어진다.

4. 헤어졌다가 다시 만난다.

5. 어쩔 수 없이 계속 인연으로 끌고 간다. 악연이라고도 볼 수 있다.

당연한 말이지만, 상담을 오신 분들 저마다 구체적이고 애틋한 사랑의 스토리가 있다. 하지만 나는 현상보다는 본질에 접근해 판단하는 쪽을 좋아하기 때문에 손님의 구구절절한 사연을 이렇게 단순한 패턴 중 하나로 분류한다. 단순한 패턴의 분석에서 시작해서 점차 손님의 구체적인 사연에 맞춘 분석으로 나아가야만 정해진 상담 시간 안에 효율적으로 조언을 해드릴 수 있다. 그러면 지금부터 사랑 문제를 둘러싼 선택의 과정을 하나의 사례를 통해 이야기해보겠다.

대기업 해외 마케팅 부서에서 일하는 능력 있는 커리어 우먼이자 세련된 외모를 지닌 30대 후반의 여성 분이 상담소를 찾아왔다. 성격도 시원시원하고 밝은 편이었다. 그녀의 인생의 고민은 딱 한 가지, 결혼이었다. 좋은 사람을 만나 결혼하기를 간절히 원했고 아이도 갖고 싶어 했다. 사회에서 흔히 말하는 결혼 적령기가 지나가면서 그녀의 초조한 마음이 날이 갈수록 커졌다.

"선생님, 제 인생에 결혼이라는 게 있긴 한가요? 내일 모레면

제 나이가 마흔이에요. 애기도 낳아야 되는데…"

"네, 지금 만나고 계시거나 생각하고 계시는 분이 있으세요?"

"네, 6년 만나고 있는 사람이 있어요. 이 사람하고 저는 어떤 인연인가요? 결혼할 인연은 있나요?"

대상이 있는 경우 그이와 인연을 알아보는 것을 흔히들 '궁합을 본다'고 이야기한다. 나는 궁합이라는 단어가 썩 마음에 들지는 않는다. 그래서 '인연'이라는 단어를 쓰는 것을 더 좋아한다. 남녀 간의 인연을 보는 것은 타로카드 상담에서 가장 어려운 부분이자 상담의 꽃이기도 하다. 우리는 저마다 하나의 우주다. 이를 두고 소우주라고 한다. 두 개의 소우주의 파장과 운의 알고리즘이 맞는지 체크를 해보는 것이 인연 상담이다. 이런 이유로 인연 상담을 할 때는 뽑아야 하는 타로카드의 장수도 다른 질문에 비해 가장 많다. 우선 각각의 소우주에 대해서 타로카드를 통해 분석해야 한다.

남자 쪽을 분석할 때 인상적인 카드 두 장이 나왔다. 메이저 2번 고위여사제 카드인데 일명 '수녀 카드'라고 부른다. 나머지 한 장은 메이저 9번 은둔자 카드인데 일명 '스님 카드'라고 부른다. 남자의 성향이 수녀와 스님으로 나왔다.

"남자 분이 결혼에는 적합하지 않은 성향인데요. 독신주의자라고 이미 말했을 수도 있어요. 사람 자체는 진중하고 깊이 있고 한 분야의 전문가일 것 같아요. 6년을 만났다면 대화가 잘 통했을 것 같네요. 소울메이트 같은 느낌이죠. 그런데 이분은 혼자만의 시간이 절대적으로 필요한 사람이에요. 가끔은 오랜 기간 연락이 안 될 때도 있을 것 같네요. 결혼 애기가 나오면 회피하거나 도망칠 것 같아요."

"선생님이 하신 말씀이 다 맞아요. 저도 결혼 안 하고 자유롭게 연애하면서 사는 게 좋겠다 싶어서 만나기 시작했는데 만나는 동안 제 마음이 바뀌었어요. 어떡하죠? 이 사람은 절대 안 변하나요?"

사람의 성향은 기본적으로 잘 바뀌지 않는다. 특히 서른다섯 살이 지난 사람은 웬만큼 인생의 큰 변화가 있지 않는 한 바뀌지 않는다. 고위여사제 카드와 은둔자 카드 두 장이 동시에 나온 사람의 성향은 뿌리가 땅속 깊은 곳까지 박혀 있는 몇 백 년 된 고목과 같은 형상이다. '절대'라고 단언할 수는 없지만, 거의 바뀌지 않는다고 봐야 한다. 이미 여기서 두 인연 사이의 흐름은 다 나왔기 때문에 다른 타로카드들을 보고 더 많은 것을 추론하는 것은 사족이다. 사족은 본질을 흐리게 만들 뿐이다.

"이 사람하고 결혼을 하려면 시간이 더 오래 걸릴 것 같아요. 시간이 흐른 후에도 마음이 바뀐다고는 장담할 수 없어요. 이 사람이 연락이 안 될 때 힘들지는 않으셨나요?"

"저는 성격이 급해요. 그렇게 연락이 안 될 때마다 돌아버릴 것 같아요. 일은 바쁜데 연락이 안 되고 그러면 화가 나서 눈물 날 때도 있어요."

안 그래도 타로카드를 뽑아 살펴보니 여자는 전사처럼 적극적이고 호전적인 성향으로 나왔다. 두 사람은 정반대 성향이었다.

그렇기 때문에 끌렸으리라. 이제 던져야 하는 질문은 '이 관계를 앞으로 계속 유지할 것인가?'다.

　우선 최우선 순위ALL IN와 무조건 안 됨NEVER 타이밍은 아니다. 나는 1단계 'GO(유지한다) / STOP(헤어진다) / WAIT(기다린다)' 중 'STOP'의 타이밍으로 보았다. 여자는 결혼을 생각하고 있고 시간이 없다고 느낀다. 정해진 시간 안에 결혼을 하려면 이 사람과는 어렵다고 판단되었다. 그렇다면 헤어지는 것이 맞다.

　이제 이별의 속도를 결정할 때다. 나는 지금 당장 헤어질 필요는 없다고 봤다. 6년이라는 시간을 빨리 털어내야 할 정도로 남자로 인해 고통받고 있는 것은 아니기 때문에 천천히slow 시간을 갖는 것이 좋겠다고 조언했다. IN(기존 에너지)과 OUT(새로운 에너지)을 선택하는 3단계에서는 당연히 'OUT(새로운 에너지)'을 향하는 것이 맞다. 종합해보면 이 여성 분의 경우는 'STOP / SLOW / OUT' 타이밍의 선택을 하셔야 했다. 헤어짐을 결심하고, 서서히 마음을 비우면서, 새로운 인연을 만나는 것이다.

　물론 사람의 마음이라는 것이 컴퓨터 프로그램을 설정하듯이 단칼에 끊어낼 수는 없다. 하지만 이 여성 분은 빠른 시일 내에 결혼하고 싶은 마음이 간절했다. 그렇다면 이런 기준을 세우고 결혼을 향한 방향으로 시선을 돌린다는 것 자체에 큰 의미가 있다. 자신이 원하는 바를 향해 시선과 태도를 새롭게 정립하는 것. 이것은 운의 알고리즘을 내가 원하는 잘될 운명으로 움직이는 시작이다.

직장과 인간관계
- 이 직장을 계속 다니는 게 맞을까요?

나는 공무원, 대기업, 공기업, 외국계 기업에서 근무하는 신입사원부터 대표까지 다양한 직장인들을 상담해왔다. 그동안의 간접경험을 통해 직장생활이란 정말 힘들다는 것을 느꼈다. 상담을 온 직장인들이 가장 많이 하는 질문은 바로 이것이었다.

"이 직장을 계속 다니는 게 맞을까요?"

전도유망한 패션업체를 다니는 40대 중반의 남자 손님이 오신 적이 있다.

"선생님, 지금 다른 곳에서 스카우트 제의가 왔는데 이직을 해야 할까요? 지금 다니는 회사에 남을까요?"

타로카드를 뽑아본 결과, 이 손님은 지금 회사에 미련이 많이 남아 있는 것으로 보였다. 반면에 위에서 강하게 압박이 들어오는 타워 카드가 인상적으로 내 눈에 들어왔다.

"혹시 회사에서 억울한 일이 있거나 넘지 못할 벽에 부딪치셨나요?"

그는 살짝 놀라는 눈치였다가 이윽고 한숨을 푹 쉬더니 말을 이어갔다.

"다른 회사에서 임원이 한 명 왔어요. 그런데 그 사람과 너무 안 맞아요. 살면서 이렇게 안 맞는 사람도 있나 싶을 정도로 힘드네요."

대부분의 경우, 일이 힘든 것은 견뎌낼 수 있다. 그러나 사람이 힘들 때는 포기하고 싶은 마음이 드는 게 인지상정이다. 40대 중반의 한 가정의 가장인 이 손님은 삶의 무게를 짊어지고 여기까지 왔다. 뽑은 타로카드를 보면 회사 생활을 잘해온 것으로 보였고, 임원까지도 충분히 바라볼 수 있는 사람 같았다.

"지금까지 회사에서 쌓아오신 게 있어서 쉽게 이직을 선택하기가 어려울 것 같은데요."

남자 손님은 순간 울컥했는지 눈물을 흘리지 않기 위해 고개를 들어 천장을 잠시 쳐다보았다.

"나보다 나이도 어린놈이 임원으로 와서 사람을 얼마나 괴롭히는지 모르겠어요. 이런 대접을 받을 만큼 인생을 잘못 산 것 같지는 않은데요. 이직해야 될까요?"

자, 이분의 경우 현재 어떻게 해야 하는 타이밍인지 1단계부터 차근차근 알아보기로 하자. 우선 직장을 최우선 순위에 두어야 하는 상황ALL IN인지, 온전히 그만두어야 하는 상황NEVER인지 판단해보자. 이분의 경우에는 현 직장을 계속 다니는 것이 인생에서 두 번 다시 오지 않을 것 같은 기회도 아니고, 건강 등의 치명적인 문제가 있어서 직장을 영영 그만둬야 하는 상태도 아니다.

그러하면 이제 1단계 선택을 할 차례다. 내가 보았을 때 이분은 'GO(계속 다닌다) / STOP(이직한다) / WAIT(기다린다)'의 선택지 중에서 'WAIT' 타이밍이라고 보았다. 현 상태를 유지하는 것을 뜻한다. 아직 섣부른 결론을 내리기에는 좀 더 지켜보아야 하는 상황이나 감정이 있을 때 이 선택을 한다. 회사를 계속 다닌다고 생각하면 언제까지 본인이 이 상황을 견딜 수 있을지 모르겠고, 가슴이 꽉 막혀오는 것처럼 답답해질 것이다. 이직한다고 생각하면 그동안 쌓아온 것들의 의미가 없어지는 것 같고 가슴이 텅 빈 듯 느껴지리라. 이럴 때는 현 상태를 유지하면서 기다려야 한다.

2단계 시간에 관한 결정이다. 앞에서 2단계는 속도를 선택하는 단계라고 말했다. 그런데 1단계 'WAIT'를 결정했다면 어떤 행동을 하기로 선택한 것이 아니기 때문에 행위의 속도가 아니라 기다림의 '기간'을 결정해야 한다. 짧은 기간 기다릴 것인지 오랜 기간 기다릴 것인지 말이다. 여기서 기간의 길고 짧음은 당사자가 느끼는 주관적인 느낌이 결정한다. 이 손님의 경우는 반년 정도는 기다려볼 수 있다고 했다. 이번에 찾아온 이직 기회를 넘기고 반년SLOW 정도 참으면서 대응해보겠다고 결정했던 것이다.

이제 3단계 선택의 차례다. 이분은 기존의 직장IN에 만족하고 있었고, 새로운 직장OUT에 대한 설렘은 없는 상태다. 단지 새로 부임한 임원 때문에 위기에 처했을 뿐이다. 그렇다면 향후 진로의 방향은 이직으로 잡을 것이 아니라 현 직장IN에서 어떻게 살아남을지를 생각해보는 것이 좋다.

이 상황의 타이밍을 정리해보면 'WAIT / SLOW / IN' 상황이다. 6개월 동안SLOW, 기다리면서WAIT, 지금 직장IN에서 어떻게 살아남을 수 있을지 궁리해야 한다. 그다음 행보에 대한 생각은 6개월 후에 상황을 보고 다시 타이밍을 결정하면 된다. 이제 새로 온 임원과 어떻게 지내야 할지를 전략을 세우는 것만 남았다.

"그 임원의 영향을 받지 않는 다른 부서로 이동할 수 없을까요?"

"그 사람이 총괄이에요. 이 회사에 있으면 어느 부서에 가도 그 사람 결재를 받아야 해요."

상극인 사람은 피하는 게 상책인데 상황을 보니 어렵게 되었다.

"그 임원이 왜 손님을 싫어하는지 한번 볼게요."

그 임원의 주파수를 끌어와서 타로카드에 투영해보았다. 임원은 직위가 상무였고, 손님은 팀장이었다. 타로카드를 봤을 때 상무 입장에서는 자신이 타 기업 출신이고 패션업계에 있던 것도 아니었기에 새로 출근한 회사에서 돋보여야겠다는 의지가 강했다. 그런데 상무가 팀장을 바라보는 타로카드 자리에 황제 카드가 나왔다. 일도 잘하고 성과도 월등한 아랫사람이 바른말을 꼬박꼬박 하니 상무 눈에는 곱게 보이지 않았던 것 같다. 자기보다 직위가 낮은 사람이 자신을 가르치려고 하는 듯한 느낌도 받았으리라. 윗사람이 아랫사람을 황제처럼 본다는 것은 한마디로 말하면 아랫사람을 건방지다고 보는 것이라고 요약할 수 있다.

"상무님이 왜 팀장님을 싫어할까요?"

"이유는 없어요. 그 인간은 그냥 미친 사람이에요. 이전 회사에서도 유명했더라고요."

세상에는 누군가를 그냥 싫어하는 미친 사람은 없다. 단, 이유가 합당하지 않을 수는 있다. 따라서 안 볼 수 있는 사이라면 안 보는 게 상책이다. 그런데 이 경우는 함께 해야 된다. 나의 논리가 아닌 그의 논리를 따라야 한다.

"상무님이 팀장님을 황제로 보고 있어요. 자세를 낮추고 상무님을 황제로 만들어주세요."

"어떻게요?"

엘리트 코스를 밟은 능력자인 손님에게는 정말 이해할 수 없는 처신일 수도 있다.

"상무님에게 말을 건네실 때 '상무님이 지시하신대로 해서'라는 말을 항상 붙이시고, 팀장님의 공이라고 해도 당분간은 상무님의 덕이라고 최대한 돌리세요. 예를 들면 '상무님이 이전에 지시하신 대로 해서 매출이 올랐습니다'라고요."

"우선 알았어요."

쓸쓸한 표정을 하고 손님은 상담소를 나갔다. 몇 달 후, 그 손님

271

이 다시 찾아왔다.

"선생님, 상무가 원래 다니던 회사로 되돌아갔어요."

이제 막 전역하여 홀가분한 군인의 표정을 하며 그가 말했다.
참고 기다린 자의 승리였다.

사업과 재물
– 언제까지 버티면 될까요?

사업은 흑자와 적자의 파도타기다. 상담을 하면서 사업이 위기에 직면했거나 빠져나갈 출구가 안 보여 어려움을 겪는 대표님들을 많이 만났다. 적자의 순간을 위기라고 보면 얼마나 버텨야 하는지, 만일 사업을 접어야 하는 상황이라면 어떻게 출구 전략을 세워야 하는지 치열하게 고민하게 된다. 그렇기 때문에 사업을 하시는 분들은 더 가야 하는지GO, 접어야 하는지STOP를 주로 물어보신다. 그간의 상담 데이터에 따르면 애초에 잘못된 계약을 했을 경우, 매장이 들어선 자리가 좋지 않은 경우, 운영상 불법적인 요소가 있는 등 첫 단추부터 잘못 낀 사업이 출구 없는 위기에 봉착하는 경우가 많았다. 또는 코로나19처럼 개인이 어찌할 도리 없이 닥치는 위기를 맞는 경우도 있다.

사람 좋아 보이는 40대 후반의 여성 분이셨다. 여유로움과 부유함이 외양과 목소리에서부터 자연스럽게 느껴졌다.

"선생님, 어떤 걸 좋아하실지 몰라서 커피하고 주스 종류를 두루 샀어요. 뭐 드실래요?"

오랫동안 상담을 해오면서 알게 된 패턴인데, 마음의 여유가 있는 부자들은 대체로 예약한 시간을 잘 지켜 방문하고 작은 먹을거리 하나라도 준비해오는 경향이 있다. 상대방 입장에서는 약속 시간에 늦고 빈손인 사람보다 아무래도 그편이 조금이라도 마음이 더 열리는 건 어쩔 수 없다. 그런 태도도 일종의 배려라고 생각해서 나도 누군가를 방문할 때는 그렇게 하려고 노력하는 편이다.

"네, 감사합니다. 커피는 이미 마셔서 주스로 마실게요. 어떤 게 궁금해서 오셨어요?"

"선생님, 제가 레스토랑을 하나 운영 중이에요. 그런데 이걸 계속하는 게 맞는지 어떻게 해야 할지 모르겠네요."

뽑힌 카드에는 시작점부터 식당에 문제가 있었다.

"음… 이렇게 비유할 수 있을 것 같아요. 1.5톤 트럭에 스포츠카 엔진이 장착된 것 같아요. 서로 조화가 안 된다는 의미인데요. 차체가 스포츠카처럼 가벼웠다면 엔진이 제 역할을 했을 텐데 차체가 너무 무거워요."

이 얘기를 듣더니 손님은 잠시 동안 생각을 했다. 사람들은 예상치 못했던 이야기를 들었을 때 순간 멍해지기도 하지만, 너무 예상했던 이야기를 들어도 멍해진다. 이런 상황을 두고 '정곡을 찔렀다'고도 한다.

"네… 맞는 것 같네요. 그러면 어떻게 해야 되나요?"

"엔진을 바꾸든지 차체를 바꿔야 하는데요. 레스토랑이라면 주방이 엔진이고, 매장이 차체라고 봐야겠죠. 그런데…지금 나온 타로카드를 보면 어떤 부분이라도 변화를 주기가 어려워요. 마치 딱 맞게 맞춰진 퍼즐 같아서 한 조각이라도 빠지면 전체가 의미 없어요."

"휴… 신기하네요. 그런 게 여기 다 나오는구나."

미래를 맞추는 건 어렵지만, 이미 주파수가 만들어진 과거와 현재는 어느 정도 맞출 수 있다.

"선생님, 저는 감사하게도 어려서부터 부유하게 커서 돈 걱정을 해본 적이 없어요. 대학에서는 디자인을 전공해서 미국 유학도 다녀오고 여대에서 교수도 했었어요. 남편도 참 좋은 사람이고 애들도 착하고 건강하게 잘 컸고요."

인생의 굴곡이 많은 사람들이 있는 반면 이렇게 탄탄대로만 걸어온 사람도 있다. 그런데 이런 사람에게 인생의 첫 번째 굴곡이 찾아온 것이다.

"제가 작은 건물이 하나 있는데 1층이 임대도 안 나가고 해서 지인들하고 식사도 할 겸 프렌치 레스토랑을 직접 오픈했어요. 그런데 생각지도 않게 너무 잘됐던 거예요. 잘되니깐 흥도 나고 재밌더라고요."

그때를 떠올리자 기분이 좋았는지 손님의 얼굴에 잠시 미소가 감돌았다.

"그리고 뭐에 씌었는지 자신감을 얻어서 다른 건물의 월세 3천만 원짜리 큰 상가를 얻고 수억 원을 들여서 인테리어를 하고 레스토랑을 오픈했어요."

반색했던 얼굴도 잠시, 이내 낯빛이 어두워지면서 현재 상황을 털어놨다.

"지금 한 달에 들어가는 고정비만 6,500만 원이에요. 매달 적자를 3, 4천만 원씩 보고 있어요. 남편 모르게 메꾸다보니 곳감 빼먹듯이 모아둔 돈을 야금야금 까먹었는데 그것도 이제 곧 바닥나요. 월세 계약 기간도 남았고 인테리어에도 한두 푼 들어간 게 아니고… 제가 겉은 멀쩡해 보여도 속은 시커멓게 타들어가고 있네요."

아무리 부유하다고 해도 재벌이 아닌 이상 매달 통장에서 현금 6,500만 원이 빠져나가고 3~4천만 원씩 손해 본다는 건 입술이 바싹바싹 마를 일이다. 그런데 타로카드를 보니 앞으로 나아질 것으로 보이지 않았다. 오히려 셰프나 다른 직원들이 다른 곳으로 빠져나가면서 더 힘들어질 것이 예상되었다.

"혹시 셰프나 직원들이 그만둔다는 얘기는 안 하나요?"

"왜 아니겠어요. 그 사람들 보고 조금만 버텨달라고 부탁하는 게 요즘 일이에요."

자, 그렇다면 이제 이 상황이 어떤 타이밍인지 한번 살펴보자.

우선 'ALL IN이나 'NEVER'의 상황은 아니므로 패스한다. 다시 한 번 이야기하지만, 1단계에서 'GO(계속한다) / STOP(그만한다) / WAIT(기다린다)'을 선택할 때의 기준은 시간, 돈, 감정 투입 대비 내가 얻을 수 있는 것들의 값이다. 이 손님의 현재 상황은 시간, 돈, 감정은 엄청나게 소모되는데 산출되는 것은 모두 마이너스다. 미래에 크게 산출이 되어서 현재의 손해를 만회할 가능성도 떨어진다. 어쩔 수 없지만 명백히 'STOP(그만한다)' 타이밍이다.

이제 2단계, 속도를 결정할 차례다. 속도를 선택하는 기준은 확신과 여유였다. 이분은 운영 중인 레스토랑에 대한 애착이 있었다. 그러나 손해가 심각해지면서 레스토랑 운영을 꼭 해야겠다는 확신이 사라졌다. 결정적으로 이제 여유가 없다. 그렇다면 1단계에서 결정한 바를 빠르게FAST 행동하는 것을 선택해야 한다. 이분은 기왕에 해오던 레스토랑 운영IN에 질려버린 상태다. 3단계에서는 새로운 길OUT로 가는 선택을 해야 한다. 즉 이 손님은 현재 'STOP / FAST / OUT' 타이밍이다. 빨리 가게를 정리하고 나와야 한다.

짐작건대 아마 주변 지인들도 이미 레스토랑을 접으라고 얘기했을 것이다. 물론 그 사실은 당사자가 누구보다 제일 잘 안다. 하지만 그간의 손해를 생각하면 차마 엄두가 나지 않아 고민만 하다가 시간이 흘러가는 것이다. 사실 이럴 때일수록 냉정해야 한다. 나는 내가 할 수 있는 마지막 말을 손님에게 조심스레 건넸다.

"다리가 썩어 들어가고 있으면 다리를 잘라야죠. 안 그러면 죽어요."

마음을 쏟던 무언가를 그만둔다는 것은 다리를 잘라내는 것처럼 엄두가 나지 않는 일이다. 그러나 살기 위해서는 빠르게 결단해야 한다. 그만두고 나서의 대책은 그만두기 전까지는 보이지 않는다. 그만두고 난 후에야 보인다. 'STOP / FAST / OUT' 타이밍이 닥쳤다면, 다른 생각은 하지 말고 빨리 그만둘 수 있는 방법에만 집중해야 한다.

"선생님, 정리하는 게 맞겠네요. 그전에 저희 레스토랑에 한번 오세요."

그다음 주에 나는 바로 그 손님이 운영하는 레스토랑을 가보았다. 디자인을 하셨던 분이라 인테리어는 어느 고급 레스토랑 못지않았다. 음식도 아주 맛있었다. 그런데 왜 망하게 되었을까? 나는 풍수의 원인이 컸다고 본다. 내가 풍수 전문가는 아니지만 업종과 레스토랑 자리의 에너지, 위치, 평수 등 여러 요소들이 확실히 조화롭지 않았다. 첫 단추부터 잘못 끼워진 것이다.

고급 프렌치 레스토랑을 표방했다면 특별한 날에 우아하게 식사를 하는 공간이어야 했다. 그러나 그곳에서 식사를 하면서 든 나의 느낌은 늦은 밤 인적 없는 고속도로 휴게소에서 우동을 먹는 느낌이었다. 공간에 따뜻하고 아늑한 에너지가 없고 서늘했다. 물론 처음 오픈했을 땐 그 정도까지는 아니었을 것이다. 그동안 장사가 계속 잘 안 되었고, 이제 주인이 공간을 정리하려는 결심까지 섰기 때문에 공간 에너지의 값이 더 마이너스인 쪽으로 바꿰었을 것이다.

그 후 몇 달이 지나고 우연히 그 앞을 지나가게 되었는데 다른 가게가 들어와 있었다.

'STOP / FAST / OUT 하셨네. 정말 다행이다.'

가족 관계
– 부모님을 위해 내 행복을 포기해야 할까요?

대학생 시절, 학과 엠티를 가는 버스에서 있었던 일이다. 목적지까지 가는 길이 막히기 시작했고 지루함이 몰려올 때쯤 3학년 선배 한 명이 이런 제안을 했다.

"우리 심심한데 지금 문자로 어머니께 '어머니 사랑해요' 문자 보내보고 답변 어떻게 오는지 한번 보자."

나는 그때까지 한 번도 어머니한테 사랑한다는 말을 한 적이 없었다. 쑥스러웠지만 어쩔 수 없이 문자를 보내게 되었다.

'엄마 사랑해.'

5~6명이 동시에 문자를 보냈는데 가장 먼저 도착한 친구 어머니의 답장이 재미있었다.

'너 대낮부터 술 마셨니? 적당히 먹고 와.'

버스 뒷자리는 웃음바다가 되었다. 우리 어머니는 두 번째로 답장을 보내셨다. 휴대폰 화면을 보는데 방금 전까지 숨넘어가듯 웃은 일이 무색할 만큼 마음 한구석이 뭉클해졌다.

'엄마도 아들 사랑해.'

숙소에 도착해 자리를 잡고 앉았는데, 옆에 나란히 앉은 동기의 휴대폰이 울렸다.

"어, 엄마. 지금 일 끝난 거야? 오늘은 늦게 끝났네. 아까 문자 때문에 전화했지? 그거 친구들이 장난친 거니깐 신경 쓰지 마요. 얼른 쉬어요."

"어머니셔? 아까 바쁘셔서 답장 못하셨구나?"

"이거 너한테만 말하는 건데. 우리 어머니 한글 잘 모르셔. 이제 배우기 시작하셨어."

동기의 어머니는 집안 형편이 어려워 초등학교 졸업도 못하시고 어려서부터 일을 하셨다. 지금은 식당에서 일을 하신다고 했다. 아버지는 젊은 시절 일하시던 중 사고를 당해 왼쪽 다리가 약간 불편하시고, 지금은 학원 버스 운전 일을 하고 계시다고도 말해주었다.

"나는 어렸을 때 부모님이 제대로 쉬시는 걸 본 적이 없어. 어린이날에도 항상 일을 나가셨어. 할아버지가 편찮으셔서 병원비가 많이 들었거든."

"그랬구나. 이제 너도 어엿한 대학생이 되어서 부모님이 뿌듯하시겠다."

"부모님 그렇게 열심히 사시는 모습 보면서 나도 최선을 다했지. 야, 내가 이래 봬도 학원 한 번 다닌 적 없고 문제집은 헌책방에서만 사서 공부한 놈이다."

그 친구는 학기 중에도 과외와 아르바이트를 하면서 장학금을 꼭 받았다. 나는 그 친구의 성실함과 바른 모습이 존경스러웠다.

"너는 진짜 꼭 성공해서 부모님한테 효도해라."

그렇게 속 깊은 이야기를 나누고 몇 달 후 우리는 한 달 간격으로 군 입대를 했고, 2년이라는 시간이 흐른 뒤 같은 학기에 복학을 하게 되었다. 복학 후 그 친구는 습관처럼 말했었다.

"회도야, 나는 연봉 많이 주는 증권회사에 취업하고 싶다."

친구는 졸업과 동시에 바라던 대로 증권회사 중에서도 연봉을 가장 많이 주는 회사에 입사했다. 우리는 졸업 후에도 종종 만났고, 돈을 많이 버는 그 친구가 주로 밥을 사주었다. 그러던 어느 날, 여자 친구가 생겼는데 같이 타로카드를 보러 가도 되겠냐고 물다. 두 사람의 인연을 생각하면서 뽑아본 타로카드 결과가 좋아 나는 흥분하며 말했다.

"두 사람은 결혼의 인연이 있네. 아주 좋아. 잘 만나보세요."

그 후로 둘은 좋은 만남을 이어갔다. 그런데 결혼 이야기가 나올 때쯤 친구의 아버지가 세상을 떠나셨다. 간암 말기에 발견해서 손쓸 겨를도 없이 돌아가셨다고 한다. 장례식장에 갔을 때 친구는 눈물을 흘리면서 말했다.

"사는 게 바빠서 아버지 건강을 신경 못 썼어."

아버지 장례식을 마치고 친구의 어머니는 슬픔에 빠져 건강이 악화되셨고, 어머니마저 잃을 수 없다는 생각에 친구는 만사를 제치고 어머니를 극진히 돌보았다. 그러는 사이 여자 친구에게 소홀하게 되었고 견디다 못한 여자 친구가 먼저 이별을 선언했다. 친구는 자포자기하는 심정으로 말했다.

"나는 결혼 안 하려고. 다른 사람 만날 자신도 없고 어머니도 모셔야 되고."

"어머니께서 그걸 원하실까?"

"엄마는 여자 친구랑 헤어진 거 때문에 아직도 잔소리하셔. 부모 잘못 만나서 아들이 연애도 못한다고."

"어머니를 위해서 네가 불행하게 사는 게 과연 효도일까?"

친구는 아무 말이 없었다. 아버지와의 이별에 이어 애인과의 이별로 많이 힘들어 보였다. 하지만 이제 가족이라고는 어머니와 둘만 남았으니 그가 느끼는 책임감을 내가 100% 공감하기는 힘들었으리라.

몇 달 후 친구와 헤어진 전 여자 친구 분으로부터 타로상담 요청이 왔다. 서운한 마음에 먼저 이별 이야기를 꺼내긴 했지만 그렇게 쉽게 이별을 받아들이는 모습에 큰 충격을 받았다고 했다. 하지만 몇 달이 지나도록 여전히 친구를 잊지 못해 힘들어 하고 있었고 뒤늦게나마 그의 입장을 이해하게 되었다고 한다.

나는 이 소식을 친구에게 바로 전했고 그녀를 놓친 것을 후회했던 친구는 헤어진 여자 친구와의 관계를 두고는 'GO(만난다) /

FAST(빨리) / IN(결혼 이야기를 이어간다)'를, 어머니와의 관계를 두고는 'WAIT(기다리게 한다) / FAST(짧은 기간) / OUT(여자 친구에게 향한다)'를 선택했다.

그렇게 재회한 두 사람의 결혼은 일사천리로 이뤄졌고 아들의 결혼 소식에 어머님의 건강이 놀라울 정도로 회복되었다. 새 식구를 맞이하는 기쁨이 남편을 잃은 슬픔을 이겨내게끔 한 것이 아닐까? 결혼식장에서 친구의 어머니는 친구가 입장하는 순간부터 연신 손수건으로 눈물을 훔치셨다. 자신 때문에 아들이 사랑하는 사람과 헤어지고 방황하는 모습을 보며 얼마나 마음의 짐이 크셨을까? 그 짐을 내려놓으면서 만감이 교차하셨으리라.

친구 부부는 결혼을 하고 얼마 안 되어 아이가 생겼다. 친구의 어머니는 아침 일찍 손주를 봐주기 위해서 친구 집에 오시고 두 부부는 출근을 한다. 부부가 퇴근을 하면 어머니는 자신의 집에 가신다. 손주를 오래 보려면 건강해야 한다고 저녁에 헬스장에 가서 근력운동도 하신다고 했다. 부부의 연봉이 적지 않아서 어머니께 돌봄 비용도 넉넉히 드리는 걸로 알고 있다. 또 나중에 들은 이야기로 친구 어머니는 검정고시로 고등학교 졸업장까지 받으셨다고 한다. 모두 행복한 상황을 맞이한 것이다.

만일 친구가 자신의 행복은 포기하고 남은 평생 어머니를 모시고 살았다면 모두가 불행한 상황이었을 것이다. 가족이라는 이유만으로 일방적으로 한쪽이 희생하는 경우가 있다. 그 희생에 다른 가족들이 고마움을 느끼면 다행일 텐데, 오랜 희생 끝에 가족에게 이런 말을 들으면 억장이 무너진다.

"누가 너보고 그렇게 하라고 했니?"

그때 눈물을 흘리며 후회해봤자 흘러간 시간과 청춘은 돌이킬 수 없다.

가족의 행복과 나의 행복 중에 단 하나를 선택해야 하는 순간이 있다. 이때 일방적인 선택을 하면 모두 불행해진다. '나 10 : 가족 0'을 선택하면 시간이 흘러 죄책감이 들 수 있다. '나 0 : 가족 10'이면 시간이 흐른 뒤 그동안 도움만 받은 가족은 이를 당연시 여길 테고 나에겐 후회와 원망만 남을 것이다. 그러니 가족의 행복을 위해 나의 행복을 0으로 만들지 말자. 나의 행복이 가족의 행복보다 단 1만큼이라도 우선이 되어야 한다. 생각보다 인간의 힘은 강하다. 내가 없으면 당장 굶거나 쓰러질 것처럼 보여도 가족 구성원들 각자에게는 자기 삶을 살아나갈 힘이 있다. 자기 앞가림조차 하지 못한다면 그것에 대한 책임은 가족 본인의 몫이다.

언제라도 내가 행복한 것이 우선이다. 가족의 행복은 그다음이다. 가족에게는 나의 행복을 위해 기다려달라는 요청을 할 수 있다. 그것을 비난하는 가족이라면 냉정해질 필요가 있다. 가족이어도 상극 구조가 있기 때문이다. 무엇보다 가족은 가장 오랫동안 봐야 하는 인간관계다. 따라서 가족과 나의 행복이 함께 걸려 있는 선택을 할 때는 시야를 멀리 두고 보고 모두가 행복할 수 있는 방향을 선택해야 한다.

올인,
인생에서 꼭 한 번은 해야 하는 것

인생에서 한 번은 해야 하지만 세 번 이상 하면 안 되는 것이 있다. 바로 '올인ALL IN'이다. 올인은 카지노에서 내가 갖고 있는 칩 전부를 걸 때를 가리키는 용어다. 인생에서도 내가 갖고 있는 시간, 경력, 자산, 경험, 인맥을 전부 걸고 올인을 해야 할 타이밍이 있다. 사는 동안 단 한 번도 올인을 해본 적이 없다면 큰 성공을 하기는 어렵다. 올인의 성공 여부를 결정하는 변수 중에 가장 큰 영향을 주는 것은 '운'이다. 그래서 올인은 인생에서 세 번 이상 하면 안 된다. 왜냐하면 하늘이 인간에게 세 번 이상의 기회를 줄 가능성이 낮기 때문이다. 올인을 두 번 해서 모두 성공했더라도 마지막으로 한 번 더 올인을 했다가 실패하면 전부를 잃을 수도 있다.

나에게는 소울메이트 같은 친한 형이 있다. 나는 대학 시절, 같은 학과 선배였던 그를 꼬드겨서 SBS 공채 개그맨 시험을 같이 봤다. 당시 형은 한창 취업을 준비 중이었는데 우리는 시험을 무사히 통과하여 SBS 공채 10기 개그맨으로 선발되었다. 나는 그 뒤 개그맨 생활을 접었지만, 형은 〈웃찾사〉가 폐지될 때까지 개그맨으로 오랜 기간 활동했다. 운명이라는 것은 이렇게 생각지 않은 제안이나 변화를 계기로 경로가 완전히 바뀌기도 한다.

나는 가끔 그 형을 만나 함께 밥도 먹고 차도 마시며 근황을 나눈다. 그날도 볕이 따사로운 좋은 날이었다. 우리는 여느 때처럼 향기로운 커피를 앞에 두고 일상을 나누는 중이었다.

"회도야, 내가 요즘 아내랑 텍사스 홀덤이라는 것에 완전 빠져 있는데, 나보다 아내가 더 잘한다."

텍사스 홀덤은 포커카드로 하는 게임인데 모르는 사람이 보면 도박이라고 생각할 수도 있지만, 세계 대회도 열리고 해외에서는 방송으로 대회 생중계도 하는 등 전 세계인이 즐기는 스포츠다. 나도 그 사실을 그 전까지는 몰랐다가 그 형을 통해 알게 되었다.

"그래요? 형이 어디 가서 게임으로는 지지 않는데, 형수 대단하네요."

"아내가 그냥 잘하는 정도가 아니라 이번에 세계 대회 참여권을 획득해서 베트남을 가게 됐어. 비행기표랑 숙박비도 지원받아."

"진짜요? 조만간 형수 직장 그만두고 프로 선수 되는 거 아니에요? 하하하."

내 말이 씨앗이 되었던 것인지 아니면 정말 그럴 운명이었는지, 형네 부부는 몇 달 후 진지하게 나에게 타로카드 상담을 받을 일이 있다며 연락을 줬다.

"회도야, 우리가 지금 중대한 결정을 하려고 해. 아내가 직장을 그만두고 텍사스 홀덤에 올인 해볼까 하거든. 대회가 주로 밤에 있어서 직장생활을 하면서는 도저히 할 수가 없어."

"진짜요? 요즘 같은 시기에 그 안정적인 직장을 그만둔다고 요?"

"아내가 텍사스 홀덤에 대한 열정이 엄청 나. 세계 대회 우승을 한번 해보고 싶대. 그리고 지금 프로 선수로 스카우트 제의도 왔어. 지금 직장보다 연봉도 높은 조건이야."

30대 후반에 그동안 쌓아온 직장 경력과 안정적인 미래를 다 걸고 새로운 꿈에 올인을 한다는 것이 남들이 보기에는 그저 멋지고 대단한 선택으로 보일 수 있다. 하지만 당사자와 가족들에게는 심장이 벌렁벌렁하는 결정이다. 타로카드를 뽑아보니 이미 형수의 마음은 직장으로부터 완전히 떠나 있었다. 텍사스 홀덤 프로 선수로 전향하는 주제를 두고 타로카드를 뽑자 러버 카드와 데빌 카드가 나왔다. 이 두 장이 같이 나오는 일로 돈을 벌 수 있다면 그것은 축복이다.

"형, 카드를 보니 형수는 직장생활 더는 못하겠어요. 요즘 힘들어 하지 않아요?"

"맞아. 새벽 1시에 대회 끝나고 집에 와서 잠깐 눈 붙이고 6시에 출근해. 보는 내가 안쓰럽다니깐."

이렇게 올인을 할 타이밍이 왔다면 확신과 간절함을 기준으로 두고 결정을 내려야 한다. 이때 스스로에게 한 치의 의심이 없어야 한다.

"형수는 텍사스 홀덤으로 성공할 확신도 있고, 그걸 할 때 행복한 거죠? 직장은 더 이상은 못 다니겠는 거고요?"

"맞아. 내가 봐도 정말 잘하고 게임할 때 행복한 게 보여."

이 정도라면 올인 타이밍이 맞다고 봐야 한다. 올인을 결정했다면 더 이상 뒤돌아보지 않고 하늘의 뜻에 맡기는 것이 맞다. 그래도 한 번 더 안심하고 싶다면 내가 투자하는 것이 무엇인지, 이것을 모두 다 잃게 된 후에는 어떻게 살아갈지도 한 번 생각해보면 된다. 형네 부부에게는 아직까지 아이가 없었다. 부모님을 부양해야 할 상황도 아니었다. 잃게 되는 것은 안정적인 직장뿐이었다.

며칠 후에 형에게 전화가 왔다.

"형수가 회사에 사표 냈다. 회도야, 그런데 내가 부탁이 하나 있어. 네가 쓰는 현존이라는 호를 내려주신 선생님께 우리 아내의 호를 부탁할 수 있을까? 게임에서 쓸 닉네임이 필요한데 좋은 기운이 담긴 닉네임이었으면 해서."

형수가 호를 귀하게 쓸 것 같아서 나는 나여 선생님께 어렵게 부탁을 드려 '어수'라는 호를 받게 되었다. 처음 들었을 때 여자가 쓰기에 '어수'라는 호가 어울림이 부족하지 않나 싶었다. 그런데 이 호가 나오기까지의 이야기를 듣고 나니 형수에게 이만 한 호가 없다 여겨졌다.

나여 선생님은 형수가 무슨 일을 하는 사람인지 모르고 호적상의 이름만 가지고 기도를 해서 꿈을 꾸셨다. 그런데 그 꿈의 내용이 상서로웠다. 강가에서 물고기 떼들이 헤엄쳐서 품으로 들어오는 꿈이었다고 했다. 게임판에서 돈을 잃는 어수룩한 사람을 '호구'라고 부른다. 그런데 영어권에서는 호구를 뜻하는 말로 'fish(물고기)'를 쓴다는 것이다. '어수'라는 호는 텍사스 홀덤 게임에서 상대 플레이어를 호구로 만드는 기운의 호인 것이다.

흥미로운 일은 여기서 끝이 아니다. '어수' 라는 호를 받은 날, 형네 부부는 극장에서 〈신의 한 수: 귀수편〉 영화를 보았다고 한다. '귀수'는 주인공 이름인데 귀신의 수를 둔다는 뜻이다. 형네 부부는 어수와 귀수가 같은 글자로 끝나서 기분이 꽤히 좋았다고 했다. 영화가 끝나자 엔딩 크레디트가 올라가고 형네 부부가 극장을 나오려는데 보너스 영상이 나왔다고 한다. 귀수가 어린 시절 스승과 절에서 대화를 나누는 장면이었다. 영화 속에서 스승은 처마 끝에 다는 작은 종인 풍경에 왜 물고기가 있는지 아느냐고 귀수에게 묻는다. 이윽고 이어진 스승의 대답은 이랬다고 한다.

"물고기는 자면서도 눈을 뜨고 잔다. 이것은 늘 깨어 있으라는 뜻이다. 세상도 바둑판도 '마음의 눈'으로 보아야 한다."

이 장면이 형수에게는 마치 '어수'라는 호가 하늘에서 주는 계시처럼 들렸다고 했다. 얼마 후 형에게서 또 전화가 왔다.

"회도야, 지금 형수가 이름을 아예 '어수'로 개명하려고 하는데 한문을 '물고기 어漁, 물 수水'로 하면 되겠지?"

국제 대회를 나가면 여권에 적힌 이름으로 대회에 참가해야 했던 터라 형수는 주민등록상의 이름을 아예 '어수'로 개명하였다. 이름까지 바꿀 정도의 올인. 내가 그동안 들어본 올인 중 가장 극적인 올인이었다.

누구에게나 인생에서 올인 타이밍이 한 번 이상은 온다. 이때 운의 알고리즘을 완전히 바꿀 수 있으며, 잘될 운명으로 퀀텀 점프를 할 수도 있다. 물론 반대의 결과로는 모든 것을 잃을 수도 있다. 나는 타로카드 전문가의 길을 걷고자 내가 가진 모든 것을 올인 한 경험이 있다. 그 후 힘든 일도 있었고, 후회되는 순간이 없던 것은 아니었다. 그러나 지금은 만일 이 길이 아니었다면 안 되겠구나 싶을 정도로 내가 선택한 삶에 만족하고 있다.

살면서 꼭 한 번은 자신을 두근거리게 하는 것에 올인 하길 바란다. 이후 선택한 길을 걸어갈 때, 올인을 할 때의 그 마음만 변치 않으면 분명 절반은 성공이다.

에필로그
잘될 운명입니다

10여 년 전, 나는 오랜 시간 나를 어두운 방 안에 가두었다. 잠을 잘 때면 좌절했던 순간들과 억울했던 일들이 떠올라 벽을 발로 수없이 차고 난 후에라야 잠을 잘 수 있었다. 그리고 무슨 일이 생각처럼 안 풀릴 때면 혼잣말을 중얼거렸다.

'내 인생이 그렇지 뭐.'

이런 나의 행동과 생각들이 만든 내 에너지 파장은 나를 안될 운명으로 끌어당겼다. 어둠과 빛은 서로를 싫어하고 함께 하지 못한다. 안될 운명으로 가려는 내 곁에는 안될 운명의 사람들만 있었다. 하지만 타로카드 덕분에 나는 잘될 운명의 사람들을 만날 수 있었고, 그 시간들이 켜켜이 쌓여 결국엔 운의 알고리즘을 분석할 수 있게 되었다. 캄캄한 방의 암막커튼을 걷는 순간 방이 밝아지듯, 운의 알고리즘을 깨닫고 실천하면서부터 내 인생에도 찬연한 빛이 들어왔다. 바깥은 밝은 대낮이었는데 나만 그걸 모르고 살았었다.

우리의 운명은 잘될 운명 안에 있다. 지금 안될 운명에 처해 있다면 암막커튼 때문에 어둠 속에 잠시 갇혀 있을 뿐이다. 그 커튼을 걷어내기만 하면 당신은 잘될 운명으로 가는 길을 볼 수 있다. 하지만 내 시야를 커튼이 가리고 있다는 사실, 밖이 밝은 태양으로 빛나고 있다는 사실을 모르면 그 어둠 속에 영영 머물게 된다.

얼마 전, 새해 떡국을 먹기 위해 부모님 집에 갔을 때 어머니가 말씀하셨다.

"이렇게 아들, 딸, 사위, 며느리, 손자, 손녀 다 모여서 떡국을 먹으니깐 부자가 된 것 같다."

나는 용기 내서 말했다.

"이게 다 엄마 덕분이에요."

문득 20년 전, '이 모든 게 엄마 때문이야!' 하며 소리치던 기억 저편의 내 모습이 떠오르면서 울컥했다. 그때를 생각하면 나는 지금 기적 같은 삶을 살고 있는 중이다.

운의 알고리즘을 알기까지 나는 외롭고 두려운 길을 걸었다. 이 길이 맞는 건지 혹시 지름길은 없는지 물어보고 싶었지만 물어볼 사람도 곁에 없었다. 어쩌다 만난 사람들은 나에게 도움보다는 상처를 주었다. 그러나 내가 준비된 후에 참된 스승들이 나타나 더 깊고 넓은 가르침을 주었다. 이 책을 읽는 당신은 나처럼 헤매지 않기를 바라는 마음으로 나의 소울을 이 책에 오롯이 담았다.

이 책을 집필하기까지 아직 인생의 반도 살지 않은 내가 운과 운명에 대해서 말할 자격이 있는지 많은 고민을 했다. 하지만 내가 알게 된 운의 알고리즘이 많은 이들이 잘될 운명으로 가는 데 도움이 될 거라는 확신이 생겨서 용기를 내었다. 이 책의 많은 구절 가운데 한 구절이라도 마음에 와닿은 것이 있다면 그것을 당신의 삶에서 꼭 실천해보길 바란다. 커튼이 걷히고 나의 인생은 잘될 운명 안에 있었음을 알게 될 것이다. 그 한 번의 깨달음 후에는 다른 구절들도 실천해보길 바란다. 그렇게만 한다면 이 책이 당신을 잘될 운명으로 가도록 돕는 내비게이션이 되리라 믿는다.

내가 좋아하는 시 구절이 있다. 당나라 3대 시인 중 한 명인 백낙천의 〈감흥感興〉에 나오는 구절이다.

吉凶禍福有來由 但要深知不要憂 (길흉화복유래유 단요심지불요우)
길·흉·화·복은 모두 그 이유가 있어서 오는 것이니,
다만 그 이유를 깊이 알면 될 뿐 근심할 바가 아니라네.

인생에서 기쁜 일이 1/4이라면 힘들고 슬픈 일은 3/4이다. 이전까지는 인생의 많은 시간을 근심해야 했을지 모른다. 운의 알고리즘을 알게 된 지금부터는 그 이유를 깊이 알 수 있기에 근심하지 않게 될 것이다.

"나와 인연이 되어준 감사한 당신.

인생에서 외롭고 힘든 시기에 서 있다면

이 책이 잘될 운명으로 가는 반전의 시작이 되기를 바랍니다.

지금 잘될 운명으로 가는 길 위에 있다면

흔들리지 말고 감사하며 걸어가시길 바랍니다.

당신의 운을 믿고 따라가세요.

잘될 운명입니다."

현존 정회도 드림

운의 알고리즘

초판 1쇄 발행 2021년 4월 28일
초판 37쇄 발행 2023년 4월 14일

글 정회도
기획 골든리버
편집 한아름
디자인 필요한디자인
마케팅 허경아 이성재 손서연 이루겸

발행인 정회도
발행처 소울소사이어티
출판사 등록일 2020년 7월 30일
이메일 soul-society@naver.com
카카오톡 채널 소울소사이어티

웹사이트 soulsociety.kr
인스타그램 @soulsociety.official
블로그 blog.naver.com/soul-society
유튜브 youtube.com/c/soulsocietykr

©정회도, 2021
값 16,000원

ISBN 979-11-974103-0-7 (03180)